중국을 알면 세계가 보인다

신중국 70년의 발전과 변화가
있기까지의 역사적 흐름을 펼쳐내다.

음식문화

궈레이칭(郭雷庆)·자오차이옌(赵彩燕) 저

한링(韩玲) 역

차이나하우스

중국을 알면 세계가 보인다 - 음식문화

© 2021, 山东文艺出版社

2021년 10월 10일 초판 1쇄 발행
2021년 10월 15일 초판 1쇄 발행

지은이 | 귀레이칭(郭雷庆) · 자오차이옌(赵彩燕)
옮긴이 | 한링(韩玲)
펴낸이 | 이건웅
펴낸곳 | 차이나하우스

등   록 | 제 303-2006-00026호
주   소 | 서울시 종로구 자하문로 301
전   화 | 02-3217-0431
팩   스 | 0505-352-0431
이메일 | cmg_ltd@naver.com
ISBN | 979-11-85882-55-0 04910
            979-11-85882-59-8 04910(세트)

값 14,800원

서언

오늘날 중국은 경제의 번영과 부강한 국력을 통해 국민의 생활을 풍족하게 만들었다. 누가 어떠한 입장과 가치관으로 바라본다 해도 부정할 수 없는 사실이다.

20세기 후반과 신세기의 초입에 시작된 중국의 발전은 역사 기록에 있어서도 매우 중요하다. 신중국을 세운 이래 70년 간의 발전 과정에서 수많은 우여곡절을 겪었고 지금의 성과를 이루기까지도 매우 힘든 길을 걸어왔다. 우리는 이 다채로운 과정을 살펴보면서 여러 개의 주제를 선택해보았다.

주제를 선택하는 기준도 쉽지 않았다. 국가의 발전을 평가할 때는 결국 국민의 일상생활을 기준으로 판단해야 하기 때문이다. 이에 국민의 생활 중에서 의, 식, 주, 행의 발전과 성과에 관한 내용을 담아냈다.

비교를 통해서 발전상이 드러나듯 우리는 근현대 중국의 모습을 보여주는 것에 더 많은 비중을 두었다. 그러나 이 책이 다루는 부분은 근대보다 훨씬 이전의 시기부터 시작한다. 중국 역사와 현실을 이해하는 일과 밀접하게 관련되어 있기 때문이다. 근대에 이르기까지 1~2천년의 기간 동안 대다수 중국 서민들의 생산 및 생활 방식은 실질적으로 변하지 않았다. 역사적으로는 당대와 송대에 이미 중국인들의 생활 수준이 상당한 수준을 이루었기 때문이다.

세계 역사를 살펴보면 중세에서 근대로 옮겨오는 동안 상당수 국가에서 서민들의 생활 수준은 그 이전보다 오히려 후퇴하기도 했다. 특히 근대 초기의 많은 유럽 국가들이 그러하다. 그 시기에 중국은 급증한 인구, 생활자원의 부족, 열강의 침략과 약탈, 전란과 사회의 혼란, 극심한 빈부격차, 자연재해, 전염병의 유행 등으로 서민들이 참담한 삶을 살았는데 이는 세계적으로도 손꼽히는 비극이라 할 것이다.

고대부터 근대까지 역사의 흐름을 살펴봐야만 신중국 70년의 발전과 변화가 중국 사람들에게 어떤 의미인지 비로소 이해할 수 있다. 2020년에 이르러 중국은 중산층의 확산과 절대 빈곤의 청산이라는 목표를 달성하였다. 이것은 지난 천 년 동안에도 이루지 못했던 변화다. 우리의 사명은 이러한 역사적인 변화를 글로 정리하는 것이리라.

2021년 1월

저자 씀

목차

제1장

"식사하셨어요?"
인사말로 살펴본 음식의 역사

중국을 알면 세계가 보인다

음식문화

진심으로 받아들일 필요가 없는 인사

과거의 중국인들은 춘절이 오기만을 기다렸다. 일 년 중에 식탁이
가장 풍성한 시기이기 때문이다. 최근 몇십 년 동안 중국인의 식탁은

광시 바이서시 텐린현에서 4,000여 명의 손님들이 난디루의 1,000미터가 넘는 360여 개 테이블에서
'백가연'을 즐기고 있다. (비주얼차이나)

난징다파이당(南京大排檔, 포장마차와 비슷한 노천 음식점) (비주얼 차이나)

하루하루가 과거의 춘절처럼 푸짐했다고 해도 과언이 아니다. 가정집의 식탁뿐만 아니라 동료, 학우, 친구 등과 함께 식당에 가서 미식을 즐기는 모습도 평범한 일상으로 자리 잡았다.

30~40년 전에 중국 북방의 농촌을 돌아다니면 마을 사람들이 친절한 태도로 "식사하셨어요?"라고 묻곤 했다. 심각하게 생각할 필요 없는 인사말이다. "아직 안 먹었는데요" 하고 대답해도 집으로 초대하는 일은 없기 때문이다. '식사하셨어요'는 독특한 인사말이지만 도시 사람들이 '오늘 날씨 좋네요' 하고 건네는 표현과 비슷하다.

과거 어느 시기에는 식사시간이 아닌데도 '식사하셨어요'를 인사말로 자주 사용했다. 이러한 중국식 인사말은 어색한 상황을 만들기도 했지만, 상당히 오랜 시간 동안 사용되었다.

중국 만담에도 이와 관련된 재미있는 이야기가 있다. 두 사람이 아침에 만나기로 했는데 한 사람이 양치하는 와중이라서 다른 사람이 '식사하셨어요?' 하고 인사를 건넨 것이 공교롭게도 직접적인 질문이 되었다. 더 심한 것은 두 사람이 화장실 앞에서 만나는 이야기다. 화장실에서 나오는 사람에게 마침 들어가려는 사람이 "식사하셨나요" 하고 물어보는 장면이다.

오늘날에는 먹는 일을 소재로 하는 인사가 점점 줄어들고 있지만, 일상적인 인사말의 변화에 수천 년 중국인의 간절한 소망이 담겨 있다. 이 단순한 소망은 '식(食)'이라는 글자와 연관이 있다. 또한 '천(天)'이라는 글자와도 밀접한 관련이 있다.

'천'은 여러 의미를 가지고 있다. 먼저 전통적인 중국인의 의식에서 하늘은 가장 큰 존재다. "하늘처럼 큰일(天大的事)"이라 하면 매우 중요한 일을 가리킨다. 2,700여 년 전 춘추 시대에는 '민이식위천(民以食爲天)', 즉 밥을 먹는 일이 백성들에게 가장 중요한 일로 여겨졌다. 백성들이 먹고사는 것은 국가가 가장 중요하게 여기는 정책이기도 했다.

'천'의 다른 의미는 날씨와 자연환경이다. 과거의 중국은 농업 국가여서 '하늘'을 의지한 채 농사를 지었다. 그러나 하늘은 신뢰하기 어려운 존재다. 중국의 지리적 환경과 기후는 여름철에 강수가 집중되어 농작물 성장에 불리하게 작용한다는 특징이 있다. 한파, 강풍, 결빙 등 열악한 날씨 때문에 종종 흉작이 초래되기도 했다. 통계에 따르면 서기 초부터 19세기까지 한족이 주로 거주하는 18개의 성(省)에서 발생한 수해가 658회, 가뭄이 1031회에 달했다. 하늘만을 믿고 농사를 짓는 백성에게는 치명적인 수치다. 또 다른 통계를 살펴보면 지난 3,000년 동안 중국에서 발생한 재해는 5,000번을 넘었다고 한다. 이로 인해 쌀 생산이 일정하지 않고 흉년이 빈번하여 백성들이 굶주린 일도 많았다.

식량이 부족해 굶는 일이 잦아지자 중국인들은 당연히 음식에 대해 불안한 마음을 갖게 되었다. 배불리 먹는 것을 꿈꾸다 보니 입버릇처럼 건네던 "식사하셨어요"라는 말이 독특한 인사로 자리 잡은 것이다. 어쩌면 중국인들이 가진 따뜻한 마음을 담아내는 표현이라고 할 수 있다.

'아직 안 먹었다'고 대답하던 나날들

'먹었다'의 반대말은 당연히 '아직 안 먹었다'이다. 고대 중국인들은 밥을 먹고 사는 일이 가장 큰 문제였기에 천재지변뿐만 아니라 불합리한 사회제도로 인해 피해를 보는 일이 많았다. "부유한 자의 논밭 길은 사방팔방으로 통하는데, 가난한 자는 송곳 하나 세울 땅이 없다." 이 말은 1,900여 년 전 반고(班固)의 〈한서 · 식화지(漢書 · 食貨志)〉에 쓰인 기록이다. 고대 사회의 빈부 격차를 생동감 있게 묘사한 표현이다.

당시 지주들은 농민을 잔혹하게 착취했다. 노동자들은 관아의 가렴주구(苛斂誅求)와 빈번한 전쟁으로 인해 장시간을 굶주림 속에서 살아가야 했다. 봄에 조 한 알을 심으면 가을에 만 알을 수확할 수 있지만, 사방에 논밭이 방치되는 상황에서도 굶어 죽는 농부들이 있었다. 오늘날 많은 사람이 당나라를 좋아하지만, 황금기라 불리는 성당(盛唐)의 시기에 이렇게 처참한 뒷모습이 숨어 있다는 사실은 모를 것이다.

근대에 들어서도 민중들은 끼니 해결을 큰 문제로 여겼다. 경제 상황이 비교적 괜찮았던 1936년에도 1인당 식량 보유량은 전국 평균치가 270킬로그램에 불과했다. 농촌은 여전히 먹고살기가 힘들었다는 뜻이다. 특히 봄에서 여름으로 접어드는 보릿고개 시기가 되면 빈곤층에 속한 이들은 옥수숫가루에 나뭇잎, 느릅나무 열매, 산나물을 섞어서 주린 배를 채워야 했다. 흉년이 들었을 때는 쌀겨와 밀기울을 주식으로 삼기도 했다. 설날 즈음에야 간신히 고기와 생선을 조금이나마 먹을 수 있었다. 채소는 주로 배추, 빨간 무, 흰 무를 먹었으며 채소가 나지 않는 계절에는 절임 채소, 배추 말랭이, 무말랭이, 장류 등을 먹었다. 도시에서는 옥수숫가루, 좁쌀, 수숫가루를 주식으로 먹었다.

　　민국(民國) 후기에는 식량 부족으로 물가가 폭등하면서 지폐의 가치가 땅에 떨어졌다. 물건을 살 때는 지폐의 숫자를 세는 것이 아니라 무게를 재서 계산하기도 했다. 예를 들어 1948년 6월에 상하이에서 계란 1개를 사려면 24근의 법정 지폐가 필요했고, 옥수수 한 근(500그램)을 얻으려면 100근(5킬로그램)의 지폐를 내야 했다. 백성들은 지폐를 담은 마대를 몇 자루씩이나 지고 와도 소량의 생필품만을 받아가는 상황에 놓였다.

　　일상적인 식음료의 부족은 곧 영양실조로 이어졌다. 기초적인 의료 환경을 갖추지 못해 잔병치레가 늘어났고 수명이 줄어들었다. 신중국 수립 이전에는 평균 수명이 30살 정도에 불과했다. 체육학자 덩시핑(鄧昔平)은 다음과 같은 연구결과를 발표하기도 했다. "민국 시기에는 대부분 대학생의 체형에 결함이 있었다. 눈병, 청각 저하, 치질이 많았다. 국민당 통치 시기에 대학에 다닌 학생들은 대부분 부유한 계급 출신이었다. 가정환경이 비교적 좋은 편이고 위생과 체육에 있어서 상당한 교육을 받았는데도 건강한 신체를 가진 학생이 적었다. 가난한 국민은 얼마나 많은 신체적 결함을 겪어야 했는지 상상조차 힘들다."

흉년과 전란이 닥치면 끼니 해결은 더욱 힘들어진다. 1942년 허난(河南)에서는 심각한 가뭄이 일어나고 메뚜기 재해까지 겹쳐서 곡식 수확을 거의 하지 못했다. 일본군이 중국을 침략해온 시기였기에 국민당 정부 자신도 살아남기 힘든 시기였다. 재난 구호가 제대로 이루어질 턱이 없으니 심각한 기근으로 허난 지역민들은 많은 고난을 겪을 수밖에 없었다. 당시 3천만의 인구 중에서 4~5백만 명이 굶어 죽고 4백만 명이 실향민으로 나앉았다. 영화감독 펑샤오강(馮小剛)은 허난 지역의 대기근을 배경으로 2012년에 영화 〈1942〉를 촬영해서 당시 백성들의 고통스러운 삶을 생생하게 재현한 바 있다.

1947년 상하이에서 시민들은 지폐를 담은 마대자루를 싣고 물건을 사러 간다.
1946년 100위안으로 고체비누 1/6개를 살 수 있었다.
다음해에는 같은 돈으로 석탄 1개만을 살 수 있었고 그 다음해에는 쌀 4톨 밖에 살 수 없었다.

1948년 상하이에서는 사람들이 마대자루로 지폐를 담을 정도로 심각한 인플레이션이 나타났다. 식당에서 밥을 먹다가 두 그릇째 먹을 때 가격이 오를 정도였다.

식량 배급표가 수집품이 되기 이전에는

　신중국 70년의 역사를 담은 독특한 수집품이 있다. 바로 '표(票)'다. 일반적인 우표에서부터 식량 배급표, 고기표(肉票), 목욕표, 이발표 등 매 시기의 생활 전반의 모습을 보여준다. 그중에서 가장 중요한 것은 먹는 일이다.

　1949년 중화인민공화국이 성립되면서 지난 수천 년 동안 고민해온 이른바 '먹고사는 문제'를 해결하기 위해 안정적인 사회정치 환경 조성이 시도된다. 신중국 수립 이후 전국에서 토지개혁이 시행되었고 2억 명의 농민들이 6억 묘(畝)의 토지를 분배받았다. 나만의 논밭을 가지고 싶다는 농민들의 오랜 소원이 실현된 것이다. 덕분에 농민들의 생산성은 최고조에 달했고 농업이 안정화되면서 배불리 먹는 문제도 기본적으로나마 해결되었다.

　식량 관련 데이터를 살펴보면 1950년 전국 총생산량은 1억 3,200만 톤에 달했으며 1인당 생산량은 239.4킬로그램이었다. 1956년에

산둥성(山東省) 식량 배급표

산둥성 지난시 식량 · 기름 부식품 배급표

1987년 구이저우(貴州) 시민들이 줄지어 고기 배급표를 받고 있다. (비주얼 차이나)

는 총생산량이 1억 9,300만 톤으로 올라섰고 1인 생산량은 306.8킬로그램을 달성했다.

신중국 수립 이후 먹고사는 문제는 많이 해결되었지만, 그 과정은 순탄치 않았다. 1950년대 중반 이후 구소련의 발전 방식을 그대로 따라가면서 공업과 상업을 계획경제 체제로 편입시켰고 농촌에서는 인민공사 체제를 만들었다. 덕분에 철도, 광산, 야금, 석탄, 기계제조 등 중공업 분야에서 큰 성장을 이루었고 중국은 점차 독립적인 공업 시스템을 구축하게 된다. 그러나 경공업과 농업은 여전히 경직된 구조에 머물렀고 생필품과 농업 생산은 큰 발전을 이루지 못하고 제자리 걸음을 했다. 결국, 정부는 일상용품과 식품의 부족을 해결하기 위해 호적을 근거로 주민들에게 식품을 배급하고 관리하게 되었다.

당시에는 전국의 도시에 거주하는 비농민 주민의 가정마다 두꺼운 굵기의 '배급 수첩'이 있었다. 수첩의 첫 장에는 가족 구성원의 이름, 나이, 식량 배급량이 적혀 있었다. 성인은 매월 15킬로그램, 아동은 7킬로그램의 식량을 배급받았다. 이는 간신히 먹고살 정도의 최저 생활 수준에 불과했다.

식량의 종류도 제한적이었고 쌀과 밀가루는 매우 적었다. 25~30퍼센트의 흰 밀가루를 제외하면 옥수숫가루와 수숫가루 등의 잡곡이 대부분이었다. 배급 수첩은 호적과 마찬가지로 매우 중요한 서류였으며 다른 지역으로 이사할 때도 호적을 옮기면서 '식량 관계'까지 이전해야 했다. 이 수첩이 없으면 돈을 내도 쌀을 살 수 없었기 때문이다.

거주 구역마다 국영 식량점도 있었다. 주민들은 배급 수첩에 적힌 규정에 따라 쌀, 밀가루, 잡곡을 구입할 수 있었다. 배급 수량과 동일한 식량 배급표를 받아서 식품을 구매할 때 화폐처럼 사용할 수 있었다. 식량 배급표는 어디서나 사용할 수 있는 '전국 배급표'와 각 성, 자치구, 직할시 내에서만 유통되는 '지방 배급표'로 분류되었다. 주민들에게 지급되는 배급표는 지방 배급표였고, 다른 성을 방문할 때는 반

1965년 장쑤성 난징시(江苏省南京市) 시민들이 명절 기간에 돼지고기 배급표를 들고 줄지어 돼지고기를 사고 있다.
(차이나 비주얼)

드시 직장에서 발급한 증명서를 지참해서 전국 배급표로 바꿔 사용해야 했다.

식량 이외의 식품은 '부식품'이라 칭하며 육류, 수산물, 채소 등을 가리킨다. 1957년부터는 국가가 고기표까지 배급해서 도시민들의 육류소비도 제한하기 시작했다. 돼지고기를 먹는 민족에 속하면 1인당 매월 6~8냥(兩, 300~400그램)을 배급했고, 돼지고기를 먹지 않는 민족은 양고기 1근을 4냥(700그램)으로 대체했다. 신정이나 구정처럼 중요한 명절에는 신선한 생선을 배급하기도 했다. 단오절의 쭝쯔(粽子)와 추석의 월병 등 전통적인 명절 음식도 이 기간에 제공되었다. 1959년까지는 배추, 무, 대파, 마늘, 콩 제품, 당면, 참깨장, 땅콩장, 팽이버섯, 목이버섯, 조미료, 케이크, 사탕 등 각종 부식품도 도시민에게 제한적으로 배급되었다.

과거의 '표'들은 오늘날 독특한 수집품이 되어 사회 곳곳의 수집가들에게 흘러 들어갔다. 중국인들이 그저 배불리 먹고 따뜻하게 입기를 바라던 시절부터 부유한 생활을 누리는 시절까지의 발전 단계를 살펴보는 트레이드 마크가 된 것이다.

불어난 '쌀자루'와 다 담을 수 없는 '장바구니'

　'식사하셨어요'라는 인사말은 1970년대 말까지 지속해서 쓰였다. 1978년 정부가 공식적으로 개혁개방을 시작한 후에야 검소하던 중국인들의 식탁이 점차 풍성해졌다. 쌀과 밀가루로 만든 음식은 명절 때만 먹는 특별식에서 벗어났고, 제한적으로 공급되었던 육류, 조류, 계란, 유제품도 식탁에 올랐다. 전국 각지의 과일도 쉽게 맛보는 등 식생활에 많은 변화가 일어났다. 동네에는 식량 배급표가 사라졌고 밭에는 비닐하우스가 세워졌다. 농산물 무역 시장도 개설되었고 물자도 풍부해졌다. 세계 인구의 20퍼센트를 차지하는 중국인들이 이만큼의 변화를 겪은 것은 수천 년 중국 역사뿐만 아니라 인류 전체의 역사에서 보아도 기적 같은 일이다.

　중국 정부와 국민이 어떤 일을 했기에 또한 얼마나 잘했기에 이러한 성과를 얻었을까. 먼저, 농촌 사회를 구성하던 인민공사(人民公社) 체제가 가정 단위의 연합 생산 책임제로 바뀌었다. "수확한 식량 중

쓰촨성 수이닝시 펑시현 훙장진 바이핑촌 마을주민들이 채소밭에서 무를 수확하고 있다. (인민포토)

에서 국가에 충분히 납부하고 공동체에 충분히 기부한 후에 남는 모든 것은 각자의 것"이라는 '한솥밥(大鍋飯) 제도' 또한 폐지됐다. 덕분에 농민의 적극성도 높아졌다. 〈중국통계연감〉의 데이터를 살펴보면 1981년 중국의 식량 총생산량은 6,500억 근에 달했는데 1982년부터 3년 연속으로 7,090억 근, 7,745억 근, 8,146억 근의 생산량 신기록을 달성하며 공전의 성장세를 이어갔다. 이로써 농민들이 먹고사는데 필요한 식량 문제가 근본적으로 해결되었다.

1979년에는 농민들이 생산한 식량과 기름 등 농산물에 대한 국가

산둥 룽청 아이렌완 전복양식장에서 인부들이 전복을 채취하고 있다. (비주얼 차이나)

수매 단가가 대폭 올랐다. 애초에 국가가 지정한 수량보다 더 많은 농산물이 생산되면 가격을 50퍼센트 더 쳐주었다. 이 정책은 농민들의 적극성을 또다시 자극했다. 식량 문제의 근본적 해결에 힘입어 중국 정부는 부식품 생산을 도시 공급에 연결하는 '장바구니 프로젝트(菜篮子工程)'을 시작했다. 채소, 과일, 가축, 계란, 유제품, 수산물 등의 상품 생산을 지원하려는 목적으로 전국 각지에 대규모 재배 센터를 건설했다. 신선한 식자재가 최대한 빨리 국민의 식탁에 오르도록 운송체계를 개선해 '그린 통로(綠色通道)'를 열었고 관련 보장제도도 마련했

산둥 웨이팡의 지칭(濟青) 고속철도가 서우광(寿光) 채소 비닐하우스 사이로 건너고 있다. (비주얼 차이나)

다. 덕분에 농민들의 수입도 증가했고 중국인의 식탁도 더욱 풍성해졌다.

생산과 유통 양쪽 모두를 지원하는 분명한 정부 정책과 유통 활성화에 노력하는 시장 덕분에 중국인의 소비가 더욱 촉진되었다. 빠른 성장을 이룬 식자재 시장은 지속적으로 개선되는 생산력이 더욱 발전할 만한 터전을 제공했다. 정부가 1985년부터 농산물시장의 자유 무역을 허락하면서 농민들은 농산물 판매를 통해 부를 창출할 기회를 얻었다. 개혁개방의 과정에서 중국 특유의 사회주의 시장경제체계가

점차 완성되어갔다. 전국에서 농산물과 식품을 생산, 가공, 유통하는
관련 산업도 빠르게 성장했다.

'남원북리'가 농업기술의 신시대를 이끈다.

1973년에 후난성(湖南省) 농업과학원의 위안룽핑(袁隆平)을 중심으로 구성된 '삼계조합(三系配套)'은 교잡벼를 재배하는 데 성공했다. 1979년에는 중졸 학력인 리덩하이(李登海)가 산둥성 라이저우(萊州) 허우덩춘(后鄧村)의 논밭에서 '에단(掖單) 2호'라는 옥수수로 단위 면적당 776.9킬로그램이라는 생산 신기록을 달성했다.

이러한 체제 개혁들은 '사람'의 문제를 해결했다. 그러나 '하늘'의 문제가 여전히 남아 있었다. 하늘에 과도하게 의존하는 농업을 과학기술의 발전을 통해 개선해야 했다. 그래서 신중국 수립 이후 1,300여 개의 농업 연구프로젝트를 실행함으로써 농업과학의 연구와 교육 그리고 보급체계를 구축했다. 농업 생산의 과학기술화와 현대화를 이루기 위한 노력이었다.

개혁개방으로 고조된 농업 생산의 적극성 덕분에 성과가 나타나기 시작했다. 신중국을 수립한 1949년에는 묘(畝)당 곡식 생산량이 평균

69킬로그램인데 비해 1978년에는 135킬로그램으로 2배가량 증가한 것이다. 개혁개방 이후부터 남방은 위안룽핑(袁隆平), 북방은 리덩하이(李登海)를 대표로 하는 '남원북리(南袁北李)' 체제가 자리 잡았고 농업 생산도 매우 빠른 성장을 이루었다. 교잡벼, 교잡옥수수, 불임형 앉은뱅이밀(矮敗小麥), 지방산 개량 유채(双低油菜) 등을 연구개발하고 보급함에 따라 주요 양질 농작물의 점유율이 95퍼센트 이상으로 높아졌다. 특히 교잡벼의 아버지인 위안룽핑의 연구팀이 슈퍼 교잡벼를 개발해 2014년 10월에는 묘당 1톤 생산이라는 목표를 달성했다. '돈량(噸糧, 1묘당 연평균 1톤을 생산하는 곡물)'이라 불리는 슈퍼 교잡벼는 단위 면적당 생산량으로 세계 최고기록을 세운 바 있다.

특히 기쁜 것은 중국 과학자들이 '해수벼' 연구에서도 중대한 성과를 이루었다는 점이다. 일반적으로 토양 중 알칼리 함량이 0.6퍼센트를 넘으면 농작물이 정상적으로 성장하기 어렵다. 해수의 염분 함유량은 보통 3~5퍼센트 사이라서 육상식물이 성장할 수 없다. 1930년대 말부터 동남아시아와 남아시아에서는 바닷가에서도 잘 자라는 내알칼리 벼 품종의 연구를 시작했다. 그러나 묘당 생산량은 100킬로그램 정도에 불과해서 농민들의 원금 회수가 어려워지자 보급에 제약을 받았다. 2018년 농업과학자 위안룽핑 원사(院士)가 이끄는 연구팀은 '해수벼'의 묘당 생산량을 1,000근으로 높이는 놀라운 성과를 이루었

위안룽핑(e¾×ìøÁ) 원사가 슈퍼 교잡벼를 살펴보고 있다. (비주얼 차이나)

다. 같은 해 5월에는 해수벼가 전국에서 대규모로 시험 재배되었다. 이 해수벼는 염도가 0.06%에 달하는 알칼리성 토지와 갯벌에서도 자라난다. 중국에는 약 15억 묘의 알칼리성 토지가 있고 300억 묘 이상의 연해 갯벌이 있으므로 그중 수억 묘를 개조해서 해수벼를 심을 수 있다. 이렇게 대규모 연해 갯벌과 내륙 사막을 효율적으로 이용한다면 1억 명 이상의 식량을 해결할 수 있으며 생태계 회복과 개선에도 유익할 것이다. 우수한 품종을 대규모로 보급하면서 각종 병충해의 예보 및 예방 기술이 많이 향상되었고 손실도 그만큼 줄어들었다. 원격 기상탐지 기술과 위성을 통한 위치측정 기술도 광범위하게 응용되어 농업 생산의 통제 능력이 계속 향상되고 있다.

농업 과학기술의 발전에 대한 기여율도 개혁개방 초기 27퍼센트에서 50퍼센트까지 높아졌다. 가족 단위 생산책임제(家庭聯産承包責任制), 사회주의 시장경제체제, 정부의 지원정책, 농업과학기술의 발전 등은 입고 먹을 것이 부족했던 중국인들의 생활을 윤택한 시대로 이끌었다. 개혁개방 40년 동안 1인당 식량 확보량은 1977년 297.7킬로그램에서 2018년 473킬로그램까지 증가했다.

식량 이외에도 돼지고기, 소고기, 양고기의 1인당 확보율은 전국 평균 134퍼센트, 수산물은 244퍼센트로 폭발적인 증가세를 보였다. 1997년에는 유제품과 과일 이외에 '장바구니 상품'이라 불리는 품목의 확보율이 세계 평균을 넘어섰다. 2018년 영국 〈이코노미스트〉에서 발표한 세계 식량안보 지수(Global Food Security Index, GFSI)에 따르면 중국은 세계 113개국 중에서 46위, 아시아태평양 지역에서는 7위를 차지했다.

잡곡을 다시 사랑하게 된 중국인

　배불리 먹지 못할까 걱정하지 않는 요즘은 "식사하셨어요"라는 인사말이 시대에 맞지 않다는 느낌을 준다. 그러나 중국인들은 여전히 뭘 먹을까 고민하면서 산다. 오늘날 중국인의 식탁을 살펴보면, 밀가루와 쌀로 대체되었던 옥수수 부침, 수수 찐빵(소가 없고 딱딱하게 발효시킨 원추형 빵), 나물 반찬, 군고구마 등이 신기하게도 다시금 주목을 받고 있다. 정제된 곡물의 공급이 부족한 것이 아니라 중국인의 식습관이 변했기 때문이다.

　1989년에 발표된 〈중국 주민 음식지침(中國居民膳食指南)〉은 "곡물을 중심으로 단백질을 적당히 섭취한다"였지만 2016년에는 "균형 있는 식사로 영양을 골고루 섭취한다"로 수정되었다. 정제된 곡물에만 익숙했던 사람들이 합리적인 식단 구성에도 신경을 쓰게 되면서, 과거의 검은 밀가루 즉 통밀가루가 대중들의 관심을 받으면서 정제 밀가루인 흰 밀가루보다 더 비싸졌다. 건강한 식품에 대한 열망이 높아

옥수수찐빵. (비주얼 차이나)

지면서 유기농 쌀도 점차 주목받게 되었다.

민중들이 다시 잡곡을 선호하면서 식재료에 대한 자세한 정보도 중
요해졌다. 이제는 식품 가공을 할 때 영양의 풍부함은 물론이고 시각
적인 측면과 문화적인 요소도 함께 추구한다. 산둥성 웨이하이(威海)
에 사는 어느 인터넷 유명인사가 만든 꽃빵은 우유, 계란, 맥주, 과일
주스, 채소주스를 넣어서 예술품처럼 화려한 색감과 다양한 형태를
선보인다. 전국에서 이런 꽃빵이 판매되고 있으며 해외 10여 개 국가
로 수출해 연간 매출액이 1,000만 위안을 넘는다.

식품 가공시장은 타겟별로 점점 세분화되고 있다. 노인을 위한 국수, 아동 전용 식품 등 종류도 다양하다. 최근에는 곡식 가공식품도 각광을 받는다. 마트에는 각종 라면, 냉동식품, 수입식품, 남방과 북방의 별미, 제철이 아닌 과일과 채소가 쌓여 있어 언제든 구매할 수 있다.

영양부족으로 고생했던 과거가 현재는 영양 과잉으로 바뀌었고 다이어트가 시대의 흐름이 되었다. 금식이 주된 화제에 오르고 각종 다이어트 상품과 운동 콘텐츠가 매스컴을 장식한다. 배고픔을 경험했던 세대들이 보면 격세지감을 느낄 만하다. 젊은이들이 40년 전 중국의 식탁에 관한 이야기를 들으면 놀라움을 금치 못하는 모습이 당대의 중국이다.

1994년 미국의 환경학자 레스터 브라운(Lester R. Brown)은 잡지 〈월드 워치(World Watch)〉에 '누가 중국을 먹일 것인가?(Who will feed China?)'라는 글을 발표했다. 그 질문에 대한 답이 이제는 현실이 되었다. 현재 중국은 세계 7퍼센트의 경작지로 세계 20퍼센트의 인구를 먹여 살리고 있다.

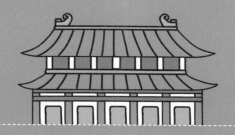

제2장

'있는 대로 먹던' 식품점,
'먹을 건 다 있는' 마트

중국을 알면 세계가 보인다

음식문화

리 아주머니 기억 속 '늘 먹는 3가지 음식'

　57세의 리(李) 아주머니는 산동성 지난(濟南)시의 모 방직공장에서
퇴직했다. 건강을 유지하고 있어서 집에서 손주도 돌보고 시간이 나
면 마트로 쇼핑을 간다. 매일 오전 10시 즈음에 쇼핑백을 챙겨서 버스
를 타고 인근의 따룬파(大潤發) 마트로 간다. 없는 것이 없을 정도로 종
류가 다양한 상품이 진열대에 가득하다. 양식 디저트는 각종 빵을 구
워서 판매하는 즉석 빵 코너에 가면 된다. 통밀빵, 아메리칸 파인애
플, 야자 토스트, 팥 토스트, 밀크빵, 피자빵, 계란빵, 생크림 케이크
등 각종 디저트가 눈코입을 자극한다.

　과일을 먹고 싶다면 옌타이(煙臺) 사과, 타이완(臺灣) 바나나, 신장(新
疆) 포도, 태국 룽옌(龍眼)과 두리안, 필리핀 파인애플 등 다양하다. 채
소는 피망, 양배추, 콜리플라워, 가지, 토마토, 오이 등이 있다. 고기
는 가공 육류 코너에서 통닭, 오리 목, 돼지 머리고기, 소고기 조림, 생
선 튀김, 훈제 육류 등을 살 수 있다. 조류 코너에는 생닭과 오리고기

가 있고 수산물 코너에는 생선, 새우, 게, 굴 등이 있다. 그 외에도 유제품 코너, 과자 코너, 영유아 식품코너, 특색 간식 코너 등 다양하다.

리 아주머니가 어렸을 때 중국은 계획경제 시기를 지나고 있었다. 그때는 도시에도 현대적인 마트가 없었다. 쌀은 전문 쌀집에서 판매했고 육류, 계란, 채소는 식품점에서 판매했다. 고기와 계란은 공급이 부족해서 1인당 매달 1근 정도밖에 살 수 없었으며 유제품은 구하기가 어려웠다. 주요 채소는 감자, 무, 배추 등이었다. 무엇보다 중요한 것은 이 모든 식료품을 '배급표'를 내서 아주 제한적으로 살 수 있었다는 점이다.

리 아주머니는 중학생 시절에 부모님을 따라 식품을 구매하러 갔다. 당시의 식품점의 모습은 깊은 인상을 남겼다. 판매원과 손님 사이에 폭이 1미터가 넘는 판매대가 있어서 손님 스스로 물건을 고르지 못하고 품목을 얘기하면 판매원이 포장해주는 방식이었다.

겨울 오기 전에 반드시 배추를 저장해두는 일도 기억에 남아 있다. 그 시기 북방 지역은 신선한 채소가 없어서 저장 배추로 겨울을 났다. 집집마다 '겨울 배추 배급표'로 배추를 구매해서 자전거나 삼륜차로 운반했다. 주민들의 거주공간도 부족할 때라 전용 저장공간이 없어 공용 복도에 저장해놓고 지냈다.

당시 서민들의 식탁에는 '라오산양(老三樣)' 즉 늘 먹는 3가지 음식이

1982년 베이징에서 집집마다 입동 준비를 위해 겨울철 필수 채소인 배추를 집 주위에 저장하고 있다.
(비주얼차이나)

1960년대 베이징에서 겨울철 배추를 저장하기 전에 햇볕에 말리고 있다. (비주얼차이나)

올려지곤 했다. 아침은 옥수수 찐빵, 점심은 수수 찐빵, 저녁은 잡곡 찐빵이다. 아주 가끔은 옥수숫가루와 밀가루를 섞은 음식을 맛볼 수 있었다. 귀한 손님을 접대할 때나 명절날에만 특별식을 먹을 수 있었는데 그것도 흰 밀가루로 만든 음식이 전부였다. 이마저도 아주 드문 상황에서나 가능했다. 시기도 제한이 있어서 채소가 귀한 철에는 어머니가 소금에 절인 채소를 내와서 온 가족의 반찬거리를 해결했다. 리 아주머니 기억 속의 젊은 날은 그저 '있는 걸 먹던 시절'이었다.

1981년 '마트'라는 새로운 장소가 나타나다

80년대생(바링허우)들의 기억 속에는 어릴 때 가장 좋아하는 장소가 궁샤오셔(供銷社, 공급 판매 협력사)와 샤오마이부(小賣部, 규모가 작은 슈퍼)였을 것이다. 높은 판매대에 시선이 가로막혀서 발뒤꿈치를 들어야만 좋아하는 과자를 간신히 볼 수 있었다. 한 손으로 돈을 받고 다른 손으로 물건을 건네는 것이 구매의 규칙이었다. 그러나 1980년대부터 이러한 거래 방식에 변화가 일게 된다.

1981년 4월 12일, 중국 본토 최초의 마트인 '광저우 요우이 마트(廣州友誼超市)'가 문을 열었다. 밖에서 대기 중이던 인파들은 문을 열자마자 안으로 밀려들었고 신세계를 목격했다. 진열대 사이로 소비자들이 자유롭게 오가며 구경을 하고 스스로 상품을 골라서 판매대도 없이 결제한다는 사실에 놀랄 수밖에 없었다. 기존과는 완전히 다른 새로운 쇼핑 방식이 중국인들의 삶으로 스며들면서 쇼핑 문화를 송두리째 바꿔놓았다. 이후 전국에서 우후죽순처럼 마트가 생겨났다.

1984년 9월 30일 상하이에는 '상하이 량요우 식품 마트(上海糧油食品超市)'가 개업했다. 영업면적은 400여 제곱미터로 당시 상하이에서 가장 큰 규모였다. 1991년 9월에는 상하이 최초로 체인형 마트인 '롄화 마트(聯華超市)'가 취양쇼핑센터(曲陽中心商場) 내에 개업했다. 쇼핑 방식이 편리하면서도 물품의 종류가 다양해서 예전에는 시내 식품점에 가야만 구할 수 있던 물품을 마트에서도 살 수 있게 되었다. 1984년 11월 선전(深圳)은 선진적으로 모든 배급표를 취소하고 식료품 판

매를 오픈하였다. 그 후 전국의 다른 도시에서도 잇따라 배급표를 취소하였다.

배급표 제도는 농산물의 구입과 분배를 일괄적으로 결정하는 계획 정책(統購統銷制度)과 관련이 있다. 1985년 1월 정부는 〈농촌경제 활성화 관련 10가지 정책(關於進一步活躍農村經濟的十項政策)〉을 발표하고 기존의 구입 및 분배 제도를 계약구매(合同定購)와 시장구매(市場收購)로 대체했다. 식량과 솜은 계약구매로 전환되었고 생돼지, 수산물, 채소 등은 시장에서 자유롭게 판매하고 무역을 할 수 있도록 허용했다. 이때부터 대부분 부식품의 가격이 시장 원리에 의해 결정되었다. 채소, 과일, 계란, 가축, 육류는 판매량이 늘고 잡곡은 점점 사라지면서 부드러운 흰 쌀과 흰 밀가루가 식탁을 점령하였다. 남방에서 재배한 신선한 채소와 과일이 북방의 시장에 나타나기도 했다. 청과시장, 향촌 농산품유통시장, 식품도매시장, 슈퍼시장 등이 활기를 띠면서 주민들은 신선하고 다양한 농산물을 집 근처에서 구매하였다.

농산물의 종류와 양이 풍부해지자 사람들은 품질을 추구하게 되었다. 1997년 12월 선전(深圳)에서 국내 최초의 종합마트인 '민룬 마트(民潤超市)'가 개장했다. 이 마트는 육류와 채소를 마트화한 최초의 사례다. 신선하고 저렴한 채소, 해산물, 육류 등은 지역 주민들의 신선식품에 대한 수요를 만족시켰다. 마트 개장 이후 전국 각 도시에 수천

상하이 푸퉈취(普陀區) 시캉루(西康路) 근처에 있는 허마셴성(盒馬鮮生) 마트에서 고객들이 쇼핑하고 있다.
(비주얼 차이나)

개에 달하는 종합마트가 생겨났다. 그중 푸젠성(福建省)의 '융후이 마트(永輝超市)', 상하이(上海)의 '화롄 마트(華聯超市)', 산둥성(山東省)의 '인쭈오 마트(銀座超市)', 베이징(北京)의 '차오쓰파(超市發)', '우메이 마트(物美超市)', '메이렌메이 마트(美廉美超市)' 등이 모두 성공을 거뒀다. 과거의 지저분하고 비위생적이던 농산물시장을 대체되면서 마트가 도시민들이 신선식품을 구매하는 주요 공간으로 자리 잡았다. 중국 경제가 세계시장으로 융합되면서 국제적인 쇼핑 시스템이 중국인의 일상생활로 스며들었다. 1995년에 프랑스 최대의 식품소매점 까르푸(Carrefour, 家樂福)가 베이징에서 대형매장을 열었다. 1996년에는 미국의 최대 도매 체인기업 월마트(Walmart, 沃尔玛)가 선전에서 첫 번째 월마트 광장과 샘스클럽(Sam's Club, 山姆會員商店)을 열었다. 같은 해 독일 최대의 도소매상 메트로(Metro, 麥德龍)가 상하이에서 현금 구매와 자가 운반 시스템을 갖춘 첫 도매점을 개장했다.

해외의 대형 쇼핑센터가 잇달아 개점하면서 합리적인 가격, 다양한 종류, 편안한 쇼핑 환경, 친절한 서비스, 원스톱 쇼핑 체험 등으로 생활의 질을 크게 향상시켰고 중국 본토의 마트 산업도 크게 발전하게 되었다. 1998년 7월에 중국대만의 '따룬파(大潤發)'가 상하이에 첫 번째 대형 마트를 개장했고 이후 전국 곳곳에 지점을 개설했다. 20세기에 접어들어 중국 본토에서는 대형 종합마트를 중심으로 식품 소매산업이 빠른 속도로 발전했다. 제3차 전국경제조사에 따르면, 2013년 도소매 법인과 개인사업자는 1,900만 호에 달했다. 이 수치는 1978년의 18.4배에 달하며 연평균 성장률로 계산하면 8.7퍼센트 수준이다. 예전에는 '있는 대로 먹던' 부식품 상점이 현재는 '먹을 건 다 있는' 대형 마트로 변화한 것이다.

손가락만 까딱해도 '생각나는 건 뭐든지'

산동성 린이(臨沂)에 사는 숭펑이(宋峰逸)는 자신의 과수원에서 심은
배를 포장해서 고객들에게 택배로 보내주고 있다. 그의 고객은 전국
곳곳에 있으며 심지어 북미까지 수출한다. 신장 지역의 카스(喀什)에

농촌 타오바오 공동조합원 양옌(楊延, 좌측)은 마을 어른들의 온라인 쇼핑을 도와주고 있다. (인민포토)

사는 왕리화(王麗華)는 견과류와 밀 특산품을 자신의 고향 지난(濟南)으로 보낸다. 오는 춘절에 고향 집을 방문해서 신장의 맛을 제대로 내 줄 밀가루 음식을 만들 생각에 기분이 들떠 있다. 상하이에 있는 추이제(崔潔)는 장시(江西)의 특산품 배꼽오렌지(臍橙)를 좋아해서 휴대전화로 판매상을 검색해 주문했다. 이틀이면 그녀의 식탁에 신선한 오렌지가 올라올 것이다.

2019년 중국인들의 음식은 지역 경계를 뛰어넘었고 구매를 위해 마트에 직접 갈 필요도 없어졌다. 이 모든 것은 인터넷의 보급과 전자상거래의 발전 덕분이다. 1999년 9월에 '8848'이라는 사이트에서 72

선양(瀋陽), 거리에 있는 배달원들. (비주얼 차이나)

시간 동안 온라인으로 생존하는 서바이벌 이벤트를 개최한 바 있다. 12명의 참가자가 온라인을 통해 식품을 사는 이 행사는 중국 전자 상거래의 시작점으로 평가받는다. 같은 해 8월 이취왕(易趣網)이 설립되었고 9월에는 알리바바가, 11월에는 당당왕(當當網)이 설립되면서 1999년은 '중국 전자 상거래 원년'으로 불리게 되었다.

2000년에는 중국 인터넷 사용자 수가 890만 명으로 증가했고, 인터넷 접속한 컴퓨터도 350만 대에 달해 전자 상거래 시장이 꽃필 만한 환경이 조성되었다. 많은 회사가 열정적으로 전자 상거래 사업에 뛰어들어 투자를 쏟아부었다. 그해 말 알리바바(阿里巴巴)가 2,500만 달러의 투자를 받아낸 것도 당시의 환경을 반증한다.

2003년에 타오바오(淘寶)가 출발해 지금까지 발전해온 역사는 잘 알려져 있다. 전국 각지의 특산품도 전자 상거래 플랫폼에 등장했고 누구나 먹고 싶은 것을 언제든지 주문해 먹을 수 있게 됐다. 2014년을 지나면서도 중국의 전자 상거래 시장은 지속적으로 발전해왔다. 알리바바는 농촌으로까지 사업을 확대했고 '농촌 타오바오'가 등장했다. 과일, 채소 등 농산물의 판매 경로가 마련되면서 소비자들도 이슬이 달린 신선한 과일을 인터넷으로 주문해 편하게 맛보게 되었다.

예전에는 물류 문제로 인해 신선 식자재의 운송이 제한적이었다. 그러나 '먹보(吃貨)'라 불리는 식품 구매자들을 만족시키려는 노력은 전자 상거래의 발전을 촉진시켰다. 현재 매년 초여름이면 산둥성 옌타이(煙臺)의 체리를 구매하기 위한 온라인 전쟁이 벌어진다. 택배산업이 빠르게 성장하면서 나타난 현상이다. 산둥성 내에서는 아침에 주문한 신선한 체리를 저녁이면 먹을 수 있다. 알리바바와 쑤닝(蘇寧) 등 전자 상거래 플랫폼들이 저장과 배송 기술 개발에 앞다퉈 투자하면서 신선식품 배송이라는 난제를 해결했다.

인터넷의 발전은 '배달업'이라는 또 다른 산업을 파생시켰다. 음식과 관련된 새로운 인사말도 생겨났다. 예전에는 중국인들이 만났을 때 3개의 문장이 연속으로 쓰였다. "식사하셨어요?" "아직요." "그럼 같이 가시죠." 그러나 요즘의 중국인들은 이렇게 대화한다. "식사하셨어요?" "아직요." "그럼 배달시키시죠."

제3장

세계 7퍼센트의 땅으로
20퍼센트의 인구 먹여 살리기

중국을 알면 세계가 보인다

음식문화

식량 안보는 정부의 가장 중요한 임무

전 세계 토지의 7퍼센트에 해당하는 중국 땅이 세계 인구의 20퍼센트에 달하는 중국인을 먹여 살리고 있다. 수천 년 동안 고민해온 민중들의 끼니 문제가 신중국 수립 70년이라는 짧은 시간 동안 해결된 것이다. 인민들이 배불리 잘 먹게 하는 일만큼은 국제사회에서 그 성과를 인정받았다. 중국 정부가 식량의 생산과 안보를 가장 중요한 문제로 여기고 해결하려 노력한 덕분이다.

1982년부터 1986년까지 중앙정부는 5년 연속으로 '중앙 1호 문건(中央一号文件)'을 발표했다. 이 문건의 목적은 농촌 개혁을 추진하고 농민 생산성을 적극적으로 고조시켜서 농촌을 발전시키고 식량 증산에 적합한 환경을 마련하는 것이다. 2004년부터 지금까지 발표된 중앙 1호 문건만 해도 농업, 농촌, 농민 문제 등 16개에 달한다. 이러한 정책은 식량 생산을 지원해 농민들의 부담을 지속적으로 덜어주고 생산 적극성을 촉진했으며 중국 농업의 발전을 촉진시켰다.

정부는 각 지역의 담당자에게 농업 발전과 식량 생산에 대한 책임을 지도록 요구해왔다. 1995년 정부 연간보고서는 식량 생산 책임제를 강화하겠다는 메시지를 담았다. '장바구니 시장 책임제(菜篮子市長責任制)'와 '쌀가마니 성장 책임제(米袋省長責任制)'를 지속한다는 내용이었다.

'장바구니 시장 책임제'는 지역민들이 일상에서 소비하는 육류, 계란, 유제품, 채소 공급을 보장하는 것이 시 단위 정부의 가장 중요한 직무라고 규정한다. 도시의 최고 행정수장인 시장은 인력, 물자, 재화를 계획적으로 분배하고, 부식 총량의 균형을 유지하고, 필수 재배 면적을 확보함으로써 생산기지를 건설해야 한다.

'쌀가마니 성장 책임제'는 성 단위 정부가 논밭의 면적을 안정적으로 확보하여 식량 생산량을 향상시키고 상품 가치가 높은 식량원을 관리함으로써 완벽한 비축 시스템을 구축하는 것을 목표로 한다. 아울러 식량 관련 리스크 펀드를 적절히 조절함으로써 각 성 간의 식량 유통을 관리하고 수출입 계획을 엄격히 실행하며 식량 공급과 가격의 안정성 확보를 요구했다.

성과 시 등의 지방수장 책임제로 인해 지역 식량의 비축과 부식 공급의 의무도 강화되었다. 중앙정부는 2015년 1월 〈식량 안보의 성장(省長) 책임제 구축 강화에 관한 의견(關於建立健全糧食安全省長責任制的

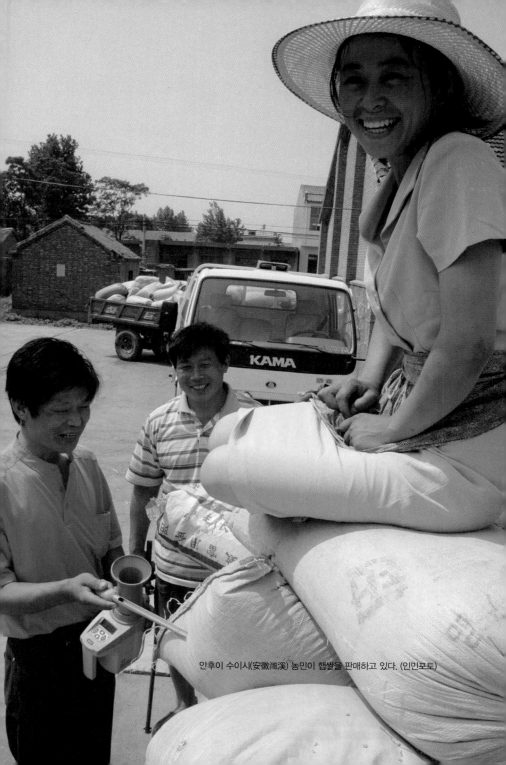
안후이 수이시(安徽濉溪) 농민이 햅쌀을 판매하고 있다. (인민포토)

허베이 싱타이(河北刑臺), 어린이들이 경지 보호를 주제로 그림대회에 참가할 그림을 그렸다. (인민포토)

若干意見)〉을 발표했다. 이 정책은 각 성장이 식량 안보를 책임짐으로써 각 지방정부와 그 책임자가 국가의 식량 안보를 강화하게 한다는 내용을 담았다. 구체적으로는 10개의 책임 사항이 포함되었는데 '식량 안전의 의식과 책임을 강화한다', '식량 생산력을 향상시키고 안정화한다', '적극적인 생산을 유지시켜서 지방 식량을 비축한다', '식량 유통과 식량 산업 발전을 촉진하여 지역 식량 시장의 안정을 꾀한다', '식량의 품질관리를 강화한다', '식량 절약과 손실 감소를 추구한다', '건강한 소비를 촉진하며 심사 감독을 강화한다' 등이다. 새로운 정책은 식량 생산을 효율화하고 공급 능력을 향상시켜 도시민들의 생활을 개선하고 국가와 지역의 식량 안보를 강화했다.

'장바구니'와 '쌀가마니'를 보호하기 위해서는 경작지를 보호하는 것이 우선이다. 중앙정부는 2015년 영구 농경지 계획업무 실시를 전면 추진했다. 각급 행정수장은 관할지역 내의 기본 농경지를 다른 용도로 변경하지 못하게 보호하는 책임을 진다. 2016년 통계를 살펴보면 벼, 밀, 옥수수 등 중국 3대 곡물의 자급률이 98퍼센트 이상을 유지했다. 1인당 평균 식량 확보율도 450킬로그램에 달해 세계 평균 수준을 넘어섰다.

2019년에는 또 다른 정책이 발표되었다. 식량 파종 면적을 최소 16억 5천 만 묘(畝) 이상으로 유지하고 전국 경지 면적으로 최소 18억 묘를 확보한다는 것이다. 또한, 기본 경지면적은 항상 15억 4,600만 묘 이상을 유지해야 한다.

'북대황'에서 '북대창'으로

　"검은 흙이 기름지니 젓가락을 땅에 꽂아도 싹이 난다"는 말이 있다. 중국 동북 지역의 싼장평원(三江平原)은 세계 3대 흑토 지대에 속한다. 이곳은 토양이 비옥해서 농업에 적합해 보이지만 신중국 수립 초기에는 황무지에 불과했다.

　상품성 높은 식량을 재배하기 위한 대형 기지 건설은 중국 농업 발전의 중요 해결책이었다. 중국은 현재 전국 9곳에서 고상품성 식량 재배기지를 운영하고 있다. 헤이룽장(黑龍江)의 싼장평원도 여기 포함된다. '북쪽의 큰 황무지(北大荒)'라 불리던 땅이 신중국 수립 이후 개발되기 시작했다. 1950년대부터 1970년대까지 퇴역군인, 농민, 지식청년 등 수많은 인원이 모여들어 몇 대에 걸친 노력을 쏟아부은 끝에 식량 생산량이 초기 480만 근에서 2017년에는 421억 근으로 급격히 늘어났다. 어느새 '북쪽의 큰 창고(北大倉)'로 화려하게 변신하여 중국 최대의 고상품성 식량 재배기지가 된 것이다. 이곳에서 생산되는 식량은 매년 1억여 명의 인구를 먹여 살린다.

전국 9곳의 고상품성 식량 재배기지는 북쪽으로 동북 3성에서부터 남쪽으로 주장삼각주(珠江三角地洲)까지, 동쪽으로 화둥(華東)의 타이후평원(太湖平原)에서 서쪽으로 쓰촨성 청두평원(成都平原)에 이르기까지 전국 각지의 가장 풍요로운 평원지대에 균등하게 분산되어 있다. 이 지역들은 중국인의 식탁을 풍성하게 하면서 국가 식량 안보에 묵묵히 힘을 보태고 있다.

농업의 질적인 향상을 위해 기초시설의 축조도 이어져 왔다. 중국은 관개농업을 지향하기 때문에 수리(水利) 설비가 매우 중요하다. 기원전 256년부터 기원후 140년까지 400년 동안 산시성의 정궈치(鄭國渠), 광시성의 링취(靈渠), 쓰촨성의 두장옌(都江堰), 저장성의 찌앤후(鑒湖) 등 우수한 수리시설이 건설되었다. 조운(漕運)을 위해 만들어진 징항대운하(京杭大運河)까지도 농지 관개 기능을 겸했다.

신중국 수립 초기부터 정부는 '수환(水患)을 방지하고 수리를 건설한다'는 모토를 중요 임무로 채택했다. 1950년에는 화이허(淮河)를 관리하기 시작해 70년 동안 단계적인 관리를 거쳐 상류에 5,200여 개의 저수지를 건설하고 피스항(淠史杭) 등의 관개 구역도 확보했다. 1950년대 초기에 1,200만 묘에 불과했던 관개 면적은 현재 1억 1,000만 묘로 확장되었으며 그 비율도 화이허 유역 경지면적의 55퍼센트까지

헤이룽장 헤이허(黑龍江黑河), 북대황농경그룹(北大荒農墾集團) 구삼지사(九三分公司) 젠산농장(尖山農場),
농민들이 대형 수확기를 운전하여 밭에서 대두를 수확하고 있다. (비주얼 차이나)

헤이룽장 개간지구. 옥수수를 건조시켜 식량 안전을 확보한다. (인민포토)

늘어났다.

　기타 대형 수리(水利) 공정도 잇따라 실행되었다. 가장 유명한 것이 홍치취(紅旗渠)다. 이 수로는 줘장허(濁漳河)의 물을 허난성 안양린현(安陽林縣)으로 끌어들이는 대형 공정이다. 진행 기간은 10년이나 소요되었고 참여 인원도 7만 명에 달했다. 열악한 자연조건이 장애요소로 작용해서 건설 과정 동안 81명의 건설인부가 희생될 정도였다. 그중 최고령자는 63세였고 최연소자는 17세였다. 그러나 홍치취의 건설은 안양린현이 겪고 있던 심각한 물 부족 상황을 극적으로 개선시

컸다. 덕분에 경지 54만 묘에 물이 공급되었고 56만 7천 명의 주민과 37만 마리의 가축들이 식수 문제에서 벗어났다. 묘(畝)당 식량 생산량은 훙치취 건설 이전에는 100킬로그램이었으나 1991년에는 476.3킬로그램으로 증가했다.

신중국 70년 동안 훙치취와 같은 수리공정의 건설이 이어졌다. 1951년부터 1953년까지 진행된 인황지웨이(引黃濟衛) 공정은 텐진(天津), 산둥, 허난성 등 1,500여만 묘의 토지에 관개가 이루어졌다. 1957년부터 1960년까지 진행된 싼먼샤(三門峽) 공정 덕분에 황허(黃河) 하류 연안의 70개 시와 현에서 황허수를 사용할 수 있게 되었다. 1976년부터 40년 간 진행된 인따루친(引大入秦) 공정은 간쑤(甘肅)성 100만 묘의 경지에 관개수를 공급하면서 황량한 사막이 양전옥답으로 변모했다.

기초시설의 건설은 수많은 토지를 양전으로 변모시켰기에 식량 생산량도 증가했다. 2018년까지 중국이 건설한 고품질 관개경지의 면적은 5.6억 묘에 달해 안정적인 식량 공급이 이루어질 수 있었다.

식량 생산량이 늘어난 이후로는 비축의 문제가 주목을 받기 시작했다. 중앙정부는 1950년에 이미 국가, 성(省), 지현(地縣) 등 각급에 식량국(糧食局)과 중앙공량고(中央公糧庫)를 건설해서 식량의 관리와 조달을 통합적으로 관리해왔다. 1952년 9월에는 중앙인민정부식량부

아름다운 '인공천하(人工天河)' 훙치취(紅旗渠). (비주얼 차이나)

(糧食部)를 설립하여 기근 등 각종 돌발상황에 대비하기 위한 식량 비축 계획을 수립했다. 1955년부터는 '식량 비축'이 계획에서 현실로 바뀌어 식량 저장고에서 비축을 시작했다. 1965년 전국 농촌의 60퍼센트가 단체 식량 저장고를 건설하면서 농촌이 비축한 식량은 20억 킬로그램을 넘어섰다. 중앙, 성, 지현 등 3급의 비축시스템은 90년대 들어 거의 완성되었다. 2018년 전국의 표준 식량창고에서 저장하는 식량은 6억 7천 만 톤, 간편 저장고는 2억 4천 만 톤에 달한다. 식용유 저장 용량도 2,800만 톤에 달해 세계적으로도 선진화 수준에 도달하게 되었다.

더욱 젊은 농부, 더욱 현대적인 농업

지링허후(90년대생 이후) 세대에 속하는 청년 왕충(王聰)은 2019년 아내와 함께 산둥성 웨이팡(濰坊) 서우광(壽光)의 산위안주촌(三元朱村)에 돌아가서 '신농민'으로 살아가고 있다. 촌 서기(書記)인 왕러이(王樂義)에게 두 사람의 귀향은 놀라운 사건이다. 20세기에는 대학생이 귀향해서 농사를 짓는다는 것을 상상하기 힘들었기 때문이다. 그러나 오늘날 도시인의 귀향은 점차 많아지고 있으며 정부는 귀향 청년들이 첨단기술로 농업 생산을 하도록 지원해주고 있다.

중국은 1985년부터 도시의 각 분야 전문 인재들이 농촌에서 일하도록 장려해왔다. 농업과학 프로젝트 실시와 기술자문 서비스 제공뿐만 아니라 각지의 대학교에 농촌을 위한 각종 전문반 개설을 독려해서 인재 양성에 노력해왔다. 1986년에는 '성화계획(星火計劃)'을 실시해서 과학기술을 활용한 농촌경제 활성화를 결의했다. 농업과 향촌의 기업 상황에 유용한 선진설비를 개발하기 위해 다량의 연구경비를 투

신장타청(新疆塔城), 위민현(裕民縣) 샹양화(向陽花) 재배 농민전문합작사에서 토마토를 수확하고 있다.
(비주얼 차이나)

간쑤성 장예시 가오타이현 헤이취안진 스바탄(甘肅省張掖市高臺縣黑泉鎮十壩灘), 가오타이푸펑(高臺富鵬)
재배 농산물 농민전문합작사의 농민들이 빨간 고추를 말리고 있다. (비주얼 차이나)

자해 매년 농촌 청년과 지역 간부들을 교육하고 있다.

2005년에는 '종자 공정(種子工程)'과 '가축 수산 우량종 공정(畜禽水産良種工程)'이 실행되면서 슈퍼 벼 보급 프로젝트도 시작되었다. 현재 슈퍼 교잡벼의 아버지인 위안룽핑(袁隆平) 원사(院士)는 연구팀을 이끌고 중국에서 1억 3,600만 묘의 슈퍼벼를 보급했다. 이 면적은 벼의 총생산 면적 중 3분의 1을 차지하고 있으며 수확량도 다른 품종에 비해 면적당 137.6킬로그램이나 높다.

2008년에는 고등교육기관의 농림수산 전공 학생에게 전문 장학금을 주기 시작했다. 졸업 후 농촌에 가서 농림수산과 관련된 일을 하는 학생에게는 국가 장학대출과 우대 혜택도 주었다.

네트워크 기술이 점차 농업에 응용되면서 2016년에는 '농업과학기술 개혁공정(畜禽水産良種工程)'을 시작했다. 씨앗 배양, 스마트 농업설비, 농업 기초시설, 무공해농업 등 영역의 핵심 기술을 연구하고 인터넷, 물류 네트워크, 클라우드 컴퓨팅, 빅데이터, 원격 감지기술 등 현대 정보기술을 농업 응용에 노력한다는 계획이다.

중국 중앙방송국에서 방영한 〈휘황중국〉에서는 "최근 몇 년 동안 국가는 부단히 노력해왔다. 매년 3만 억 위안을 투자해 중국 현대농업을 재정비하고 있다. 신장의 토마토가 풍작일 때는 전 세계의 케첩의 4분의 1이 신장에서 생산될 정도다. 대형 목화 파종기에는 매일

신장 바저우(新疆巴州), 허징현 바룬하얼머둔진 차한우쑤촌(和靜縣巴潤哈爾濱莫墩鎭査汗烏蘇村)
농민들이 토마토를 말리고 있다. (비주얼 차이나)

300묘를 심는데 지구에서 가장 빠른 속도다. 지난 5년 동안 '과학기술 북대창(北大倉)'은 중국 현대농업의 모범이 되어 연간 3천만 톤의 식량을 생산한다. 1억 명의 중국인이 1년 동안 중국이 사용할 친환경적이고 안전한 식량을 제공한다"라고 발표했다.

신중국 수립 70년 이래 중국 정부는 국민의 식량 안전과 풍성한 식탁을 보장하기 위해 큰 노력을 기울였다. 농촌체제 개혁부터 향촌 진흥전략까지, 합리적인 농업세 제어부터 전면적인 농업세 취소까지, 식량 생산량의 중요성부터 농산물 품질과 식품 안전의 표준체계 구축까지, '장바구니 시장(市長) 책임제'와 '쌀자루 성장(省長) 책임제'부터 '성장 식량안보 책임제'까지, 식량 풍작을 위한 과학기술공정부터 '네트워크' 현대농업까지, '국내의 자원으로 식량 자급자족을 실현'하는 기본 방침부터 '내가 중심이 되고 국내 자원을 기초로 생산능력을 확보해서 적당한 수입(輸入)과 과학기술이 뒷받침'되는 국가 식량 안전 전략까지, 식량 경지면적의 안정화에서 최저치 경지면적의 준수까지 등의 강력한 조치들을 시행해왔다. 그 결과 중국인의 식탁이 풍성해지면서 배불리 먹게 되었다.

'풍요로운 생활은 노력을 통해 얻을 수 있다'는 말이 있다. 70년의 노력을 통해 드디어 오늘의 '쌀이 기름지고 좁쌀이 하얗고 국가와 개인의 창고가 모두 가득 찬' 풍요로운 생활을 영위할 수 있게 됐다.

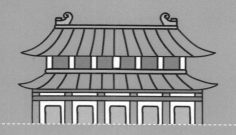

제4장

성대한 의식과 같은
명절의 식문화

중국을 알면 세계가 보인다
음식문화

라바에서 보름까지,
중국의 특색을 담은 명절

홍콩 어시장에서는 미국, 아일랜드, 호주 등지에서 수입된 어류들
이 홍콩 시민의 식탁으로 올라갈 준비를 한다. 지린성 서부의 차간후
(查干湖)에서는 어민들이 두꺼운 빙판을 뚫어서 겨울 어획을 시작한

헤이룽장 헤이허(黑龍江黑河)에서 음력 설날을 맞이하는 저녁 식사를 하고 있다. (비주얼 차이나)

다. 베이징에 있는 아시아 최대 규모의 채소 무역시장은 춘절에 필요한 각종 채소를 제공한다.

2016년 영국 BBC는 〈중국 설 춘절: 세계에서 가장 큰 축제〉라는 다큐멘터리를 촬영했다. 중국인들이 신년을 맞이하면서 진행하는 각종 축하 활동을 기록한 이 다큐멘터리 중에서 가장 중요한 부분은 '설 전야 만찬(年夜飯)'이다. 동서남북 각지의 중국인들이 일 년 중에 가장 성대한 의식으로 치르는 만찬을 준비하는 모습을 담아냈다.

각양각색의 전야 만찬과 각 지역의 먹거리는 외국인 촬영팀의 입맛을 만족시켰지만, 그들이 모르는 사실이 있다. 춘절(음력 1월 1일), 원소절(음력 1월 15일), 청명절(음력 4월 5일), 단오절(음력 5월 5일), 추석(음력 8월 15일) 등 중국의 5대 전통 명절마다 각기 다른 음식 행사가 펼쳐진다. 춘절 기간에 전야 만찬만이 가장 성대한 것도 아니다.

속담에 "설을 쇠는 것은 곧 입을 만족시키는 것(過年過在嘴上)"이라고 한다. 라바(臘八, 음력 12월 8일)가 되면 각 가정의 부엌이 바빠진다. 라바에는 라바죽(臘八粥), 23일에는 부뚜막 엿사탕(祭灶糖瓜), 25일에는 두부, 26일에는 고기찜, 27일에는 닭고기, 28일에는 밀가루 발효로 음식을 준비한다. 12월부터 새해 정월 보름까지 지속되는 중국인의 설음식 준비는 그야말로 분주하다.

그중에서도 설날 전야의 만찬이 가장 중요하다. 중국 역법(曆法)에서는 설 전날 저녁을 '제석(除夕)' 또는 '대년야(大年夜)'라고 부른다. 중국인이 365일 중에서 가장 많이 신경을 쓰는 날이며 정성스럽게 음식을 준비해서 온 가족이 모여 식사를 한다. 중국인들은 음식으로 길조를 표현함으로써 아름다운 생활을 바라는 풍습이 있다. 예컨대 생선(鱼)은 '해마다 여유롭다(年年有余)', 닭(鸡)은 '크게 길하고 크게 이롭다(大吉大利)', 배추(白菜)는 '온갖 재물이 생긴다(白菜水饺)', 떡(糕)은 '생활이 점점 나아진다(步步高升)' 등의 의미가 있다.

설날 전야 만찬의 하이라이트는 교자(饺子)라 불리는 만두다. 교자는 중국 고대의 말굽 모양 화폐인 위안바오(元宝)와 흡사해서 금전운을 불러온다는 의미로 만찬의 주역이 됐다. 춘절에는 만두를 만드는 과정부터 먹는 단계까지 가족들이 합심해서 참여한다. 단계마다 소를 만드는 사람, 피를 미는 사람, 만두를 빚는 사람 등으로 일을 나눈다. 사실 만두를 빚는 것보다는 가족들이 모여 앉아 오순도순 근황을 나누는 의미가 더 크다.

하이라이트이자 마지막 단계로 교자를 먹으면서 만찬은 끝난다. 잠깐 쉬었다가 자정이 되면 송구영신 폭죽을 터뜨려서 좋은 기운을 맞이한다. 바쁜 일상으로 인해 평소에 함께 식사하기 어려운 가정이 많지만, 춘절 때는 반드시 온 식구가 모여서 새해를 맞이한다.

춘절을 지나 음력 정월 15일은 원소절(元宵節)이다. 춘절에는 가족

제석(除夕)에 온 가족이 함께 둘러앉아 물만두를 빚으며 이야기를 나누고 있다. (비주얼 차이나)

들이 집으로 모여 명절을 보내지만 원소절에는 밖에 나가서 쇠는 것이 일반적이다. 원소절의 밤은 전통 역법 상으로 처음 맞는 보름날이다. 거리와 가정마다 등불을 걸어놓는 풍습이 있어서 등절(燈節)이라고도 불린다.

원소절 저녁이면 남녀노소가 등불로 장식된 거리를 거닐며 등불 수수께끼를 풀면서 즐거운 시간을 보낸다. 원소절 음식에는 가족을 중시하는 문화가 남아 있다. 북방 사람들은 위안샤오(元宵)를 먹고 남방 사람들은 탕위안(湯圓)을 먹는다. 사실 위안샤오와 탕위안은 같은 음식이다. 모두 찹쌀로 만든 완자를 가리킨다. 송나라 때부터 이미 원소를 먹었던 기록이 있었다. "먹구름 사이로 별이 반짝이고 국물 속에서 구슬이 떠오른다(星燦烏雲里, 珠浮濁水中)"라는 시구가 있다. 이 시구는 끓는 물 위로 구슬처럼 동그란 원소가 떠 있는 모습이 마치 밤하늘에서 별이 반짝거리는 것과 같다고 묘사한 것이다.

천 년의 문화를 전해주는 명절 음식

　몇천 년 동안 전승된 중국 문화에서 먹는다는 것은 절대로 단순한 일이 아니다. 특히나 명절 음식은 기원이 깊고 역사가 오래 되었다. 지금까지 발전해온 명절 음식은 이미 독특한 문화적 상징으로 자리 잡았다.

　당나라 두목(杜牧)의 시 중에 "청명에 보슬보슬 이슬비 내려, 길 가는 나그네 찢기는 마음(淸明時節雨紛紛 路上行人欲斷魂)"이라는 구절이 있다. 중국인에게 청명은 하나의 절기이면서 제사를 지내는 날이다. 이 풍습은 춘추 시대의 개자추(介子推)라는 충신과 관련이 있다. 진(晉) 국의 공자 중이(重耳)는 내란으로 인해 떠돌아다니게 되었는데 개자추만 그의 옆에 남아 충성을 다해 보살폈다. 먹을 것이 없을 때는 자신의 살을 잘라서 중이에게 먹일 정도였다. 훗날 중이는 진국의 군주가 되었고 자신에게 충성을 다한 충신들에게 포상을 내렸는데 유독 개자추만 빠뜨렸다. 개자추는 개의치 않고 노모와 더불어 산속에 칩거했다.

중이가 과거의 일을 생각해내고 마음의 가책을 느껴 개자추에게 산에서 내려오라고 했지만, 개자추 말을 듣지 않았다. 중이는 개자추를 강제로 하산시키려 불을 질렀다. 산불은 3일 동안 탔지만, 개자추는 꿈쩍도 하지 않고 나무를 안은 채 목숨을 잃었다. 개자추가 죽자 중이는 크게 후회했다. 산에 불을 낸 그 날을 개자추를 기념하는 날로 정해서 불을 금지하고 차가운 음식을 먹으며 집 앞에 버드나무 가지를 꽂도록 했다. 이후 청명절은 전국의 명절이 되었다. 이날만큼은 불을 피우지도 않고 밥도 하지 않으며 미리 익혀놓은 음식만 준비한다. 북쪽의 산시(山西) 지역에서는 대추떡을 미리 쪄놓고, 산둥 지역에서는 삶은 계란을 먹는다. 남쪽의 쌀 생산 지역에서는 청단(靑團)을 먹는 풍습이 있다. 청단은 찹쌀가루에 쑥이나 보릿짚으로 짠 즙을 넣고 반죽을 만들고 팥소를 넣어서 쪄낸 떡이다. 3~5일 정도 보관할 수 있어서 제사 음식으로도 좋으며 두고 먹기에도 편하다. 오늘날에는 청명절에 불을 금하는 풍습이 없어졌지만, 성묘하는 것과 청단을 먹는 풍속은 여전히 유지되고 있다.

음력 5월 5일 단오절에는 쫑쯔(粽子)를 먹는다. 이 풍습은 선진(先秦) 시대의 시인 굴원(屈原)을 기념하려 만들어졌다. 굴원은 전국(戰國)시대 초나라(楚國) 사람이다. 굴원은 부국강병과 현자 등용을 주장했지만 여러 번에 걸쳐 박해와 유배에 시달렸다. 초나라가 진나라에 공격을 당한 후 굴원은 돌덩이를 끌어안고 미뤄장(汨羅江) 강물에 투신했다. 그날이 음력 5월 5일이었다. 굴원의 애국정신은 초나라 사람들을 감동시켜 매년 그가 투신한 날이면 미뤄장에 모여 죽음을 애통해했다. 사람들은 강물 속 굴원의 육신을 보호하기 위해 쑥잎에 쌀을 넣어 오색실로 묶은 쭝쯔를 강물에 넣었다. 이렇게 단오절에 쭝쯔를 만드는 풍속은 오늘날까지도 전해진다. 하지만 남북 지역 식재료의 차이로 쭝쯔의 맛은 약간 다르다. 북쪽은 단맛 나는 대추로 소를 넣고 남방은 짠맛 나는 고기소를 넣는다.

농경사회에서 여름은 바쁜 계절이다. 쌀 추수가 끝난 가을이 되어서야 비로소 편히 쉴 수 있는 시간이 온다. 음력 8월 15일은 가족 모두 함께 모이는 추석 명절이다. 이날 먹는 음식 '월병(月餅)'은 달처럼 동그랗다 해서 이런 이름이 붙었다. 달을 보면서 가족을 그리워하고 다 함께 모일 것을 희망하는 뜻을 담은 것이다.

단오절에 쭝쯔를 만들기 위해 쑥잎에 쌀을 넣고 있다. (비주얼 차이나)

추석의 월병은 달처럼 동그란 모양이다.

평소에는 절약해도 명절은 성대하게

설날 전야 만찬의 교자, 원소절의 탕위안, 단오절의 쭝쯔, 추석의 월병은 가정을 중히 여기고 다 함께 모일 것을 희망하는 중국 전통문화를 담고 있다. 음식을 중요시하는 중국인들의 정서는 쉽게 설명하기 어려운 부분이 있다. 평소 생활이 아무리 힘들어도 명절 음식, 특히 춘절의 전야 만찬은 반드시 풍성해야 한다고 생각한다. 새해에는 풍족한 생활을 누리고자 하는 희망을 담았기 때문이다.

신중국 수립 이전에는 일반인들이 가난한 생활로 인해 명절날에도 제대로 먹을 수 없었다. 옛 속담에 "부유한 이들은 설을 쇠고, 가난한 이들은 고비를 넘는다"라고 했다. 가난에 시달리던 농민과 장인들은 설 동안에 빚에 내몰리거나 해고되는 상황을 겪었다. 가족들의 설 음식을 장만하기 위해 돈도 모아야 했다. 가난한 집안이 설을 쇤다는 것은 매우 힘든 일이었다.

이런 상황은 당시의 문학작품에서도 잘 나타난다. 루쉰(魯迅)의 〈축복(祝福)〉에서는 잘 사는 집들이 설을 쇨 때 "닭과 거위를 잡고 돼지고기를 사고 정성을 들여 씻느라 여자들의 팔이 찬물에 시뻘겋게 부어오른다"라는 묘사가 등장한다. 가정부 샹린(祥林) 아주머니는 남편을 잃은 불결한 여자로 여겨져 집에서 쫓겨나다시피 해 결국에는 길거리에서 얼어 죽는다. 마오둔(茅盾)의 작품 〈임씨네 가게(林家鋪子)〉에서 상인 임사장은 열심히 일하며 조심스럽게 돈을 투자했지만, 전쟁의 혼란한 상황과 과중한 세금 때문에 결국 파산을 한다. 설날을 맞이해서도 빚쟁이들의 독촉을 피해 도망 다니는 처참한 신세에 처해진다.

2차 세계대전 중 미국의 기자 잭 벨든(Jack Belden)은 〈중국이 세계를 뒤흔든다(China Shakes the World)〉라는 책을 통해 중국에서의 경험을 기록했다. "과거의 화베이(華北)와 지금의 장제스(蔣介石) 관리구역에서 설날은 부농과 지주에게나 먹고 노는 즐거운 명절일 뿐 빈농과 소작농에게는 재앙과도 같은 날이다. 소작농들은 할 수 없이 지주와 앞잡이의 빚 독촉을 피해 여기저기 숨어다녔다. 도망치기 싫거나 집에서 가족들과 설을 보내고 싶으면 살림살이를 모두 저당 잡혀야 해서 먹을 것이라고는 쌀겨 하나 안 남을 수도 있다." 당시에는 사회가 불안정하던 때라 명절처럼 기쁜 날에도 빈민들은 고난, 슬픔, 무력함을 겪었기에 미묘한 분위기가 만들어졌다.

1949년 신중국이 수립된 후 가난했던 대중들의 생활수준이 많이 향상되었다. 설을 쇨 때도 국가에서 많은 물자를 제공했기에 백성들의 식탁이 풍성해졌다. 1951년 2월 18일 〈인민일보〉는 〈베이징의 춘절시장〉이라는 기사를 통해 신중국 초기의 베이징 춘절 시장을 보도했다. "시내와 근교에 사는 시민들의 구매력이 높아져 생활수준도 개선되었다. 둥단(東單) 시장에서 업주들 대신에 물품을 지키는 노동자들은 예전 설날에 찐빵만 먹었지만, 올해는 고기 두 근을 사고 교자를 서너 끼나 먹었다. 베이징 발전소 직원들은 설날에 필요한 물품을 충분히 구매했다. 베이징대학 구내식당에는 100개가 넘는 테이블이 배치되었고 학생들은 흰쌀밥, 만두, 국수 등의 주식을 마음껏 먹었다. 반찬은 1인당 두 그릇씩 제공되며 재료는 고기, 계란, 생선 등이었다. 요리로는 궁바오지딩(宮保鷄丁), 무쉬러우(木鬚肉), 감자볶음, 가지찜, 생선찜 등이 나왔다."

1957년 〈베이징일보〉은 어느 평범한 가정집의 설날 전야 만찬에 대해 보도했다. "고기 몇 근, 닭 한 마리, 생선 한 마리, 신선한 채소와 두부 조금만 있으면 우리 식구가 며칠 동안 행복하게 지낼 수 있다." 설날 명절이 마침내 모든 사람이 함께 축하하는 날이 된 것이다.

명절의 느낌이 약해진 것은 '음식' 때문이다

개혁개방 덕분에 중국인들의 식탁은 전례 없이 풍성해졌다. 이제는 설날 전야에 교자를 맛보려 학수고대하는 아이들의 모습을 찾기 어렵다. 쭝쯔, 탕위안, 위에빙 등의 명절 음식을 아무리 맛있게 만들어도 대중들의 구미를 만족시키지 못한다. 전통 명절이 점점 명절 맛이 나지 않는다는 말이 있다. 생활이 점차 부유해진 중국인들이 명절음식에 대해 별다른 기대를 하지 않기 때문이다. 이외에도 여러 이유가 있다.

앞에서 언급했듯이 1950년대 말에서 1978년 개혁개방까지 중국인들은 부유함을 향한 길을 멀리 우회하고 있었다. 그 시기에 명절 음식은 아주 단조로웠다. 베이징 펑타이구(豊臺區)의 팡쫭(方庄)에 사는 유(劉)씨 아주머니는 겨울에는 채소가 몇 가지 없었고 그나마 배추를 가장 많이 먹어서 '가장 노릇을 하는 채소(当家菜)'라 불렀다고 회상한다. 설날 전날에도 배추요리를 응용해서 맛을 다양하게 바꿔보려 했다는

난징 후난루(南京湖南路)에 있는 한 음식점 내에서 사람들이 구정 전야 명절 음식을 먹고 있다.
(비주얼 차이나)

것이다. 명절 때라 해도 국가에서는 배급의 종류와 수량을 조금 늘려 줬을 뿐이다. 사탕 두 근, 해바라기 씨 세 냥, 땅콩 반 근, 육류 반 근을 추가로 더 배급하는 정도였으나 이마저도 품절이 되곤 했다. 닭, 생선, 두부는 아주 귀해서 명절이나 되어야 아주 적은 양을 배급받을 수 있었다. 문화학자 천밍위안(陳明遠)은 저서 〈지식인과 런민비 시대(知識份子與人民幣時代)〉에서 그 시기의 '춘절의 폭풍 구매(年關搶購)'를 언급했다. 폭풍 구매는 설날 며칠 전부터 시작되며 집집마다 가족 전체가 출동한다. 젊고 힘이 센 남자들은 생선, 육류, 닭, 두부 등 중요한 설음식을 구매한다. 평소에는 매우 귀해서 보기 드물기 때문이다. 돼지고기와 계란은 1인당 배급표를 나눠준다. 그렇다 보니 설 기간에 만나면 서로 묻는 인사말이 "설 물품은 다 준비하셨어요?"였다.

중국이 개혁개방을 시작하자 경제가 빠른 속도로 나아졌다. 중국인들의 생활수준도 나날이 발전을 거듭했다. 명절 음식은 배불리 먹는 것에서 잘 먹는 것으로 바뀌었고 소비도 많이 늘어났다. 이러한 변화는 설날 전야 만찬에 특히 두드러졌다. 닝보(寧波)에 사는 80세 주셴징(朱賢靖) 할머니는 1950~60년대에는 설날 전야 만찬에도 반찬은 한두 가지밖에 없었고 그마저도 초하루부터 초이레까지 먹었다고 회상한다. 개혁개방 이후에는 닭, 오리, 생선이 춘절 식탁의 주역으로 올라섰는데 지금은 연어, 킹크랩 등의 고급 수입 해산물로 대체되고 있다.

　2018년 중국국가박물관(中國國家博物館)은 지난 100년 동안의 설날 전야 만찬을 찍은 사진을 전시했다. 흰색 당면 한 접시에서 콩나물과 배추로 바뀌고, 생선과 육류가 채소와 육류를 골고루 갖춘 퓨전식으로 변하는 모습을 담은 사진들은 중국인의 명절 음식이 어떻게 변화했는지를 보여준다. 특히 설날 전날에 먹는 교자는 그 모양과 내부의 소도 바뀌었다. 만두피도 처음에는 옥수숫가루가 섞인 잡곡 밀가루였는데 흰 밀가루로 변했고, 지금은 만두피 전문 밀가루를 사용한다. 만두소는 이제는 채소에서 고기까지 없는 재료가 없을 정도다.

　교자와 마찬가지로 추석의 위에빙, 원소절의 탕위안, 단오절의 쭝쯔도 많은 변화가 있었다. 장시성(江西省)의 핑샹(沛響)에 사는 완청(萬成)은 이렇게 회상한다. "어릴 때 먹었던 위에빙은 농민들이 직접 재배한 밀가루로 만들어서 딱딱하고 맛이 없었다. 지금은 베이징식, 광둥식, 윈난(雲南)식, 쑤저우(蘇州)식, 타이완식, 홍콩식 등 다양하다. 단맛, 짠맛, 매운맛, 견과류소, 과일소, 고기소, 해산물소, 계란 노른자소 등 다양한 맛이 개발되어 오히려 소비자의 선택을 힘들게 한다."

　그러나 개혁개방 이전에 중국인들은 40년 후의 명절 음식이 다시 옛날로 돌아간다는 것을 상상도 못 했을 것이다. 이제 명절 식탁에서 고기와 생선은 찬밥 신세가 됐다. 징둥따오쟈(京東到家)가 발표한

〈2018년 국민 춘절물품 소비 빅데이터 보고서〉와 〈춘절 물품 보고서〉에서는 설 음식 중 가장 인기 있는 요리로 담백한 채소요리가 선정되었고 그다음 순위가 감자 요리와 토마토 요리였다.

명절 음식은 그 내용만 변한 것이 아니라 형식도 바뀌었다. 옛날에는 설날 전야 만찬을 하루 만에 만들 수 없어서 섣달 내내 준비했다. 2017년에는 전국의 40만 가구 가량이 식당에서 전야 만찬을 즐겼다. 이제 집에서 설 음식을 준비하지 않는 시대가 되었다. 명절 음식의 비중이 바뀐 것은 중국인의 생활이 크게 변한 상황을 반증한다. BBC에서 방영한 다큐멘터리 〈중국의 신년〉의 기획팀에서 일한 화교 기자 루스징(陸思敬)은 조국의 변화와 발전에 자부심을 느낀다고 대답했다.

현대 중국의 설 분위기가 약화된 것은 명절 음식에 대한 기대가 없어서가 아니다. 명절이라는 행사에서 음식이 차지하는 비중이 줄어든 것뿐이다. 오늘날의 중국인들은 명절날에 음식을 만들기보다는 다양한 문화활동을 즐기는 편이다. 모임에 참가해 사람들과 교류를 하거나 집에서 쉬면서 보내고 싶어한다. 예전의 춘절에는 먹는 음식을 중요시한 반면에 지금은 가족들과 함께 지내는 것을 더 좋아하는 것이다. 매년 연말이면 지구에서 가장 큰 규모의 인구 대이동 즉 '춘운(春運)'이 시작된다. 2019년 춘절 전후 한 달 동안 이동한 인구는 30억 명에 달했다. 이 수치는 중국 인구의 두 배를 넘는다. 가족을 만나기 위해

동서남북으로 이동하는 귀향 행렬은 이제 중국 춘절의 대표적인 모습
이 되었다.

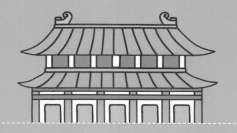

제5장

지역별 풍미가
당신의 위를 사로잡는다

중국을 알면 세계가 보인다

음식문화

산둥의 요리 '루차이(魯菜)': 대창과 해삼의 한판 승부

타 지역 사람들이 산둥(山東) 출신에게 늘 던지는 질문이 있다. "산둥은 젠빙(煎餠)에 대파 말아먹는 것 말고 또 무슨 요리가 있나?" 산둥 지역에는 '루차이(魯菜)' 즉 산둥요리가 있다. 산둥요리는 중국 8대 요리 중에 으뜸으로 꼽힐 만큼 뛰어나다. 그러나 다른 지역은 이러한 평가를 인정하기 어려워할 것이다. 산둥인 자신도 산둥요리의 대표 메뉴를 묻는 질문에 귀찮은 표정으로 '지우주안다창(九轉大腸: 산둥 지난시의 전통음식. 대창 산초기름, 육수 등을 넣고 볶은 음식)'이나 '충사오하이선(蔥燒海蔘: 산둥성의 전통 음식. 물에 불린 해삼, 닭육수, 대파 등을 넣고 볶은 음식)'이라 답하곤 한다. 시장 점유율로 본다면 산둥요리의 인지도가 그다지 높지 않다는 사실은 어쩔 수 없이 인정해야 할 것이다. 하지만 현재의 인지도와는 반대로 역사 속에서 산둥요리의 위상과 영향력은 대단했다.

산둥요리의 역사는 선진(先秦) 시대에 이미 초기의 형태를 갖추었다. 산둥은 지리적 환경이 독특하다. 중서부에는 광활한 평원이 펼쳐지고 호수와 산간지대가 있어서 품질이 좋은 조류와 과일, 채소를 확보할 수 있다. 자오둥(膠東) 지역은 바다와 인접해서 해산물이 풍부하다. 이처럼 풍부한 식재료 덕분에 산둥은 여러 종류의 요리 분파가 생겨났다. 해산물 요리를 잘하는 자오둥파(膠東派), 분위기 있는 쿵푸파(孔府派), 불맛을 잘 내는 지난파(濟南派), 국물 요리를 잘하는 쯔붜파(淄博派) 등 4개의 분파가 있다. 이런 분파로 인해 산둥 사람도 산둥요리의 맛을 정확하게 설명하기 어려워졌다.

산둥요리는 센 불에 빨리 볶는 것이 특징이다. 가장 유명한 훠바오랴오러우(火爆燎灼)는 센 불 위에 올린 웍으로 볶아내는 장면이 장관을 이룰 정도다. 산둥요리의 특징은 색감이 짙고, 맛이 짜며, 식재료가 신선하다는 점이다. 짠맛을 낼 때도 소금과 간장 말고도 단맛 나는 된장(甜面醬)을 넣는다. 산둥은 대파, 생강, 마늘의 주요 생산지라서 요리할 때는 반드시 사용한다. 산둥의 대표요리인 충사오하이선(蔥燒海蔘)에도 대파가 중요한 재료로 쓰인다. 재료의 맛을 최대한 살리는 것도 산둥요리의 특징이며 유먼따샤(油燜大蝦)와 칭차오화하(淸炒花蛤)가 대표적이다.

산둥요리를 말할 때 대창 요리인 '주주안다창(九轉大腸)'은 절대로 빼놓을 수 없다. 대창 요리는 기름진 대창의 윗부분을 선택해야 한다.

탕추리위(糖醋鯉魚). (비주얼 차이나)

끓은 물에 데친 후에 각종 향신료를 넣고 다시 어느 정도 익힌다. 일정한 간격으로 자른 후 팬에 설탕 등을 넣고 다시 조리한다. 지우주안다창은 자주색 색감과 더불어 시고 달고 짜고 매운 독특한 맛을 가졌다.

　산둥요리라 하면 3천 년의 역사가 있는 탕추리위(糖醋鯉魚)에 대한 논쟁을 빼놓을 수 없다. 산둥요리와 허난요리(河南菜) 중에 어떤 것인지 의견이 팽팽하다. 두 지역 모두 황허(黃河)에서 잡은 잉어를 사용하지만, 요리법이 서로 다르다. 산둥의 지난(濟南)에서는 잉어를 잡으면 샘물에서 1주일 동안 더 키워서 사용한다. 샘물을 거치면서 잉어의

흙냄새가 빠지기 때문에 탕추리위의 맛이 더 좋아진다.

산둥에는 "탕이 없으면 요리라고 할 수 없다", "병사가 총이라면 요리사는 탕이다" 등 탕에 관한 속담이 많다. 탕(湯) 즉 요리에 사용하는 육수가 산둥요리에서 중요하다는 의미다. 산둥요리는 '탕'으로 맛을 내는데, 보통은 맑고 투명한 칭탕(淸湯)과 진하고 뿌얀 나이탕(奶湯)을 쓴다. 칭탕은 맛이 담백하고 나이탕은 구수하다. 칭탕은 육류 등의 고급요리에 사용하고 나이탕은 채소와 버섯 요리에 사용한다. 옛날에는 기본적으로 쓰는 칭탕을 만들 때 돼지 앞다리, 닭고기나 오리고기, 돼지 뼈를 함께 넣고 4시간 동안 우려냈다. 그다음에 다진 닭다리살과 닭가슴살을 넣고 영양이 국물에 녹아들도록 한층 더 우려냈다. 이렇게 우린 기본 육수가 산둥요리의 맛을 살리는 신의 한 수라 하겠다.

안후이의 요리 '후이차이': 잊을 수 없는 쏘가리의 맛

안후이 사람이 아니라면 안후이요리에 대해 덤덤할 수 있다. 하지만 냄새가 심한 쏘가리도 안후이요리라 하면 깜짝 놀랄 것이다. 당나라 시인 장지화(張志和)의 "도화가 피는 계절에 흐르는 물속 쏘가리가 통통하다(桃花流水鱖魚肥)"라는 시문처럼 쏘가리는 오랫동안 문인과 묵객의 입맛을 사로잡았다. 쏘가리로 요리를 만드는 지역은 많다. 후난(湖南)의 차이바꾸이위(柴把鱖魚), 후베이(湖北)의 바이즈꾸이위(白汁鱖魚), 화이양(淮陽)의 자오니꾸이위(棗泥鱖魚), 쓰촨(四川)의 간사오꾸이위(干燒鱖魚), 상하이(上海)의 바바오꾸이위(八寶鱖魚) 등이 있다. 그러나 안후이의 쏘가리 요리만큼 유명하지는 않다.

안후이의 쏘가리 절임 요리인 '초우구이위(臭鱖魚)'는 백 년이 넘는 역사를 지녔다. 옛날에는 생선 장수들이 양쯔강(長江)의 쏘가리를 후이저우(徽州)까지 운반하는 동안 신선함을 유지하기 위해 생선에 소금을 발라서 나무통에 담아 옮겼다. 이런 상태로 일주일을 이동하다 보면 쏘가리에서 썩은 냄새가 나게 된다. 하지만 막상 요리를 하면 신선한 쏘가리보다 맛이 더 좋아서 인기가 많다. 지금은 교통이 발달해서 언제 어디서든 신선한 쏘가리를 맛볼 수 있는데도 별미를 맛보려고 일부러 옛날처럼 나무통에 절여서 먹기도 한다. 쏘가리가 나무통에서 절여지는 동안 유익균이 발생해서 몸에 좋은 성분이 나오기 때문이다. 웰빙을 중요시하는 현대인에게 초우구이위 요리는 맛과 건강을 동시에 잡을 수 있는 일석이조의 선택이다.

'마오떠우푸(毛豆腐)'도 안후이요리의 별미다. 겉모습은 좀 징그러울 수 있다. 표피에 촘촘한 흰곰팡이가 피었기 때문이다. 그러나 두부가 발효되는 과정에서 인체에 유익한 아미노산이 생성되기 때문에 맛과 영양을 동시에 제공하는 요리다.

안후이요리의 또 다른 대표 메뉴는 '이핀궈(一品鍋)'다. 중요한 명절을 위해 전날부터 각종 요리를 함께 넣고 푹 고아서 만든다. 홍사오러우(紅燒肉), 계란피 만두(蛋餃), 구운 발효 두부(豆腐果), 죽순 말랭이(筍干) 등 온갖 재료를 층층이 쌓아서 3시간 정도 약불에 고아내면 모든 재료가 골고루 섞이면서 특별한 맛이 탄생한다. 중국의 학자 후스(胡適)는 가장 좋아하는 요리로 이핀궈를 꼽기도 했다. 후스가 미국에서 중국 대사로 있을 때는 미국인을 초대해 이핀궈를 대접했기에 '후스 이핀궈'라고도 불린다.

전통수공예 기술로 마우더우푸(毛豆腐)를 제작하고 있다. (인민포토)

　　안후이의 가정식 요리로는 '위야오양(魚咬羊)', '황산둔거(黃山燉鴿)', '원정산순(問政山筍)', '칭둔마티베(淸燉馬蹄鱉)' 등이 있다. 안후이 지역에는 "안후이의 상인이 없으면 안후이의 요리도 없다"는 속담이 있다. 안후이 사람은 어딜 가든 안후이의 음식을 전파한다는 뜻이다. 명나라 중엽에 안후이 상업이 황금기를 맞이하면서 안후이 요리도 황금기를 맞이한다. 당시에는 안후이 음식점이 전국 각지에 분포될 만큼 요리의 지명도도 높았다.

광둥의 요리 '위에차이':
생활은 차 한잔에서 시작된다

광둥성은 바다와 인접해서 각종 해산물이 풍부하며, 일 년 내내 기후조건이 적당해 각종 산물도 풍성하다. 청나라 때 굴대균(屈大均)은 〈광둥신어(廣東新語)〉에서 이렇게 말했다. "광둥에는 천하에 모든 식재료가 거의 다 있다. 하지만 광둥에 있는 모든 식재료가 천하에 다 있지는 않을 것이다." 광둥요리의 식재료는 싱싱한 해산물부터 새, 짐승, 뱀, 벌레까지 광범위하기 때문이다. 하지만 식재료가 다양하다고 해서 광둥요리가 단순하고 거칠다고 생각하면 오산이다. 오히려 그 반대로 광둥요리는 전국의 요리 중에서 가장 정교하고 섬세한 편에 속한다. 예컨대 광둥식 죽과 다과는 종류가 다양하고 맛도 일품이다. 광둥요리의 조리법은 매우 정교해서 광둥요리의 종류가 5,000여 가지를 넘으며 그중 디저트는 800여 종에 달한다.

차를 마시는 '음다(飮茶)' 문화는 광둥 식문화의 중요한 부분이다. 광둥요리를 말하려면 차(茶)에서 시작해야 한다는 말도 있다. 광둥 사람

광저우 조차(早茶)의 특징은 일충이건(一盅兩件, 찻잔과 두 가지 다과)이다.
광저우인들이 조차를 마시는 것은 조찬과 같다. (비주얼 차이나)

들에게는 '바쁜 일상에서 잠시 차 한 잔'을 마시는 습관이 있다. 조차(早茶), 오차(午茶), 만차(晚茶)를 즐기며 잠깐이라도 시간의 여유가 있으면 차를 마시면서 쉰다. 차를 마실 때는 당연히 디저트가 빠질 수 없다. 사실 차 문화는 디저트가 주인공이라 해도 과언이 아니다. 새우로 만든 두 '샤자오(虾饺)', 찐만두의 일종인 '사오마이(燒賣)', 계란 노른자를 넣은 찐빵 '류사바오(流沙包)', 닭발 요리 '펑자오(鳳爪)' 등은 광둥의 차 문화를 더욱 풍성하게 만들었다. 광둥 다과의 발전은 광둥요리의 발전에도 큰 영향을 미쳤다.

광둥요리의 조리실에는 반드시 구이를 만드는 전용 공간이 있어야한다. 음식을 구울 때는 센 불을 많이 사용하는데 위치를 끊임없이 바꿔가면서 골고루 가열한다. 특히 통돼지 바비큐 '카오루주(烤乳猪)'는 중요한 명절과 장소에 빠져서는 안 되는 중요한 요리인데, 좋은 운을 받아서 만사가 형통하길 바라는 마음을 담고 있다. 거위 바비큐 '사오어(燒鵝)', 비둘기 구이 '추이피루거(脆皮乳鴿)', 돼지고기 요리 '광둥식 차사오(廣式叉燒)'도 굽는 요리법으로 만든다.

광둥요리의 조미료는 매우 독특하다. 새우장, 굴소스, 어간장, 해산물장 등 해산물을 사용해서 만든 조미료가 많다. 그 이유는 요리의 신선한 식감을 살릴 수 있기 때문이다. 과일도 요리에 많이 사용된다. 파인애플, 망고, 레몬, 리치 등은 요리의 단맛과 신맛을 낼 수 있어서 다양한 요리에 사용된다. 유명한 요리로는 파인애플 탕수육 '보뤄구라오러우(波蘿咕咾肉)', 망고 오리 롤 '샹망야쥐안(香芒鴨卷)', 레몬 치킨 '시닝젠루안지(西檸煎軟鷄)' 등이 있다. 이러한 광둥요리를 고든 브라운(Gordon Brown) 전 영국 총리가 즐겨 먹는다고 알려져 있다. 그만큼 광둥요리는 국제적인 인지도가 높다. 초기의 해외 화교 대부분이 광둥 출신이라서 광둥요리와 음식점이 해외에 많이 알려졌기 때문이다.

쓰촨의 요리 '촨차이': 매운맛이 있어야 좋은 생활이다

"훠궈(火鍋) 한 끼로 해결하지 못할 일은 없다. 만약 있다면 두 끼로 해결하면 된다." 이 속담은 쓰촨 사람들의 마음속에 훠궈가 얼마나 중요한 비중을 차지하고 있는지를 보여준다. 쓰촨요리에 매료된 사람들이 얼마나 많은지 알려면 쓰촨요리 음식집 앞에 이룬 장사진을 보면 된다. 중국에는 쓰촨 지역 외에도 매운맛을 즐기는 지역이 많다. 그러나 쓰촨 사람들은 얼얼함(麻)과 매운맛(辣)을 결합시켜서 새로운 매운맛을 개발했다. 매운 고추와 산초의 조합으로 만들어진 독보적인 매운맛은 쓰촨요리의 대표 맛이다. 쓰촨의 매운맛은 '입으로 춤을 추고 혀로 북을 친다'는 말로 표현된다.

이런 속담도 있다. "중국 음식 중에는 쓰촨의 맛이 으뜸이다", "쓰촨요리는 종류도 다양하고 각각 풍미와 개성이 있다." 쓰촨요리의 주재료는 비교적 단조롭지만 맛은 다양하다. 그 이유는 조미료 때문이다. 가장 대표적인 쓰촨요리인 '위샹러우쓰(魚香肉絲)'와 '위샹체즈(魚香茄

子)'에는 생선이 없지만, 생선 맛이 난다 해서 이름에 '물고기 향내(魚香)'라는 단어가 들어갔다. 이 요리에서 나는 생선 맛은 절인 고추, 생강, 마늘 등 조미료를 배합해서 구현한 것이다. 쓰촨은 연중 내내 비가 내려서 기후가 습하다. 이런 기후 때문에 쓰촨인들은 체내의 한기와 습기를 빼내기 위해 생강, 산초, 고추 등 매운 음식을 즐겨 먹는다.

쓰촨요리 중 마라(麻辣)의 맛을 가장 잘 드러낸 요리가 '마파두부(麻婆豆腐)'다. 요리법이 쉬워 보이지만 얼얼함, 매움, 뜨거움, 바삭함, 부드러움, 향기로운 맛, 흐트러짐 없는 외관을 추구하기 때문에 정성과 기술이 필요하다. 그 외에 '라즈지딩(辣子鷄丁)', '자오마지(椒麻鷄)', '푸

마퍼더우푸(마파두부). (비주얼 차이나)

치페이피앤(夫妻肺片)', '수이주러우피앤(水煮肉片)' 등의 요리도 쓰촨요리의 대표 메뉴다. 쓰촨요리의 비결 중 하나는 두반장이다. 특히 피현(郫縣)의 두반장은 쓰촨요리에 혼을 불어넣는 특급 소스로서 쓰촨요리의 맛을 좌우한다. 피현 두반장은 느끼하지 않고 맛있게 매운 것이 특징이다. 이 두반장으로 만든 대표적인 요리가 '후이궈러우(回鍋肉)'다. 쓰촨에 가면 후이궈러우를 먹어야 쓰촨요리의 정수를 느낄 수 있다.

쓰촨 출신의 요리사들은 현지에서 만든 두반장을 고수한다. 고향의 맛을 그대로 낼 수 있는 중요한 소스라서 타지에서도 반드시 쓰촨 현지에서 만든 두반장을 사용한다. 두반장 이외에 '알징티오라자오(二荊條辣椒)' 고추, '융촨떠우츠(永川豆豉)' 콩장, '칭시화자오(淸溪花椒)' 산초의 조미료도 빠질 수 없다.

청두 쓰촨 훠궈는 각지에서 사랑받고 있다. (비주얼 차이나)

후난의 요리 '샹차이: 절인 고추 먹고 성장한 고추 아가씨

"고추 아가씨는 어릴 때부터 매운 것을 두려워하지 않고, 성장해서도 매운 것을 두려워 안 하더니, 시집가서도 매운 것을 찾네(辣妹子从小辣不怕, 辣妹子长大不怕辣, 辣妹子嫁人怕不辣)." 이 가사는 중국의 유명한 민요 '고추 아가씨(辣妹子)'의 첫소절이다. 쓰촨의 매운맛이 얼얼함과 매운맛의 완벽한 조합이라면 후난요리는 매운맛의 정수를 맛보게 한다.

후난성의 대부분 지역이 둥팅후(洞庭湖) 남쪽에 위치하기 때문에 '후난(湖南)'이라고 불린다. 후난은 아름다운 자연경관과 풍부한 역사문화자원이 있다. 산도 많고 물도 많아 땅이 비옥하여 식재료가 풍부하다. 후난요리의 대표적인 메뉴는 '두오자오위터우(剁椒魚頭)'와 '홍사오러우(紅燒肉)'다. 후난에서는 중요한 명절에 두오자오위터우를 빼놓을 수 없다. 물고기 대가리(魚頭) 위에 빨간 고추를 얹는 것이 '좋은 운이 찾아온다(紅運當頭)'는 의미를 담기 때문이다.

라웨이허정(臘味合蒸). (비주얼 차이나)

또 다른 대표 요리인 '훙사오러우'는 마오쩌둥(毛澤東) 주석이 가장 좋아하는 요리였다. 그래서 '마오씨(毛氏) 훙사오러우'라 불리기도 한다. 후난 훙사오러우의 특징은 간장을 넣지 않고 설탕으로 색감을 내는 것이다. 이 조리법은 다른 지역의 훙사오러우와 구별된다.

'라웨이허정(臘味合蒸)'은 후난의 전통요리다. 명절 식탁에 빠지는 법이 없다. 이 요리를 만들 때는 절인 돼지고기, 절인 닭고기, 절인 생선의 세 가지 재료가 필요하다. 명절 한 달 전부터 재료를 소금에 절이고 훈제를 시켜서 준비해둔다. 조리할 때는 짠맛을 약화하기 위해 물에 끓이는 방식으로 익힌다. 말린 홍고추, 검은 콩장(豆豉)을 넣고 함께 조리한다. 이런 조리법은 후난의 절인 훈제요리가 가진 특징이다.

후난의 대표 음식인 취두부 '처우더우푸(臭豆腐)'는 이미 전국 각지에서 사랑받고 있는 명물이다. 냄새는 고약해도 맛은 고소해서 중국인뿐만 아니라 외국인들에게도 인기가 많다. 길거리 시장에서는 튀긴 취두부가 남녀노소의 발길을 멈추게 한다.

장쑤의 요리 '쑤차이': 기대를 저버리지 않는 게의 맛

"루산은 눈의 기대를 저버리지 않고, 게 요리는 위의 기대를 저버리지 않는다(不到廬山辜負目, 不食大閘蟹辜負腹)." 장쑤(江蘇) 지역의 요리를 생각하면 가장 먼저 떠오르는 재료가 '게'다. 중국 송나라의 미식가 소동파(蘇東坡)의 단골 메뉴였으니 맛을 의심할 필요가 없다. 소동파가 '게'를 위해 직접 시를 썼을 정도로 그 맛이 일품이다. 소동파 말고도 중국 고대의 많은 문학 작품에서 장쑤 성의 게 맛과 관련된 기록을 찾을 수 있다. 〈세설신어(世說新語)〉에는 이런 구절이 등장한다. "진나라(晉)의 필탁(畢卓)은 술을 특별히 좋아했다. 그러나 게 한 접시가 식탁으로 올라오자 술은 뒷전으로 밀려났다. 오른손에는 술잔, 왼손에는 게를 들고 유람선 위에서 즐기니 이것이야말로 진정 부러울 것 없는 삶이다." 청나라의 문인 장대(張岱)도 "음식 중에 소금과 식초를 넣지 않고도 완벽한 맛을 내는 것은 게밖에 없다"고 극찬했다. 〈홍루몽(紅樓夢)〉의 저자 조설근(曹雪芹)은 "눈앞의 동서남북은 구분 못 해도 게

앞접은 칭두州에퍼스즈터우(揚州淸幽蟹松楂子語) (비즈엄 친이나)

딱지 안의 검은색과 노란색 살은 구분한다" 할 정도로 중국에서는 고대부터 게를 좋아해 왔다.

양청후(陽澄湖)의 털게 다자씨에(大閘蟹)는 '게 중의 왕'으로 평가받는다. 다른 지역에 비해 껍질이 얇으며 살이 쫄깃하고 많기 때문이다. 살이 가장 통통한 가을이면 전국 각지의 인파들이 다자씨에의 맛을 보러 쑤저우(蘇州)로 몰려든다. 요리법도 다양해서 쪄서 먹기도 하고 다른 식자재와 함께 요리하기도 한다. 양저우(揚州)의 대표 요리인 '칭둔씨에펀스즈터우(淸炖蟹粉獅子頭)'는 돼지고기와 게살을 섞어서 끓여 낸 완자탕이다.

장쑤는 지리적으로 물이 풍부한 곳에 위치해서 각종 해산물과 식재료가 풍부하다. 장쑤 인근의 항저우(杭州)는 과거 오월국(吳越國)의 수도여서 오월 문화의 영향을 장기간 받았다. 요리에도 영향을 미쳐서 정밀한 조리법과 우아한 품격을 갖추었다. 건륭 황제가 강남(江南) 지역을 순찰할 때 장쑤요리를 가장 즐겨 먹었다고 한다. 그중에서도 쏘가리 요리 '쑹수꾸이위(松鼠鱖魚)'를 특히 좋아했는데 오늘까지도 전해지고 있다. 쑹수꾸이위는 신선한 쏘가리를 기름에 튀긴 후 설탕과 식초로 만든 소스를 얹는다. 생동감 있는 비주얼과 바싹한 껍질 그리고 부드러운 속살이 절묘한 조합을 이뤄서 감탄을 자아낸다. 장쑤요리의 특징은 단맛과 짠맛의 조합이다. 대표적인 요리로는 '옌수이지(鹽

水鷄)', '쨔오화지(叫花鷄)', '장쥔꿔챠오(將軍過橋)', '빠왕비에지(霸王別姬)'

등이 있다.

저장의 요리 '저차이' : 시후의 동파육

소동파가 미식가라는 사실은 중국에서 모르는 사람이 없다. 그의 이름을 따서 요리에 이름을 붙일 정도다. 대표적인 지역이 저장이다. 소동파는 저장성의 성도인 항저우와 인연이 깊다. 그는 항저우에 두 번이나 부임해서 수년간 생활한 바 있다. 항저우 지주(知州)로 부임했을 때는 백성들이 물난리로 고통을 받았다. 소동파는 시후(西湖)를 보수하고 제방을 쌓았으며 각종 노력으로 수해로부터 백성을 구했다. 안정을 찾은 항저우 사람들은 소동파에게 고마움을 전하기 위해 돼지고기를 선물했다. 소동파는 집에서 하던 대로 돼지고기를 요리해서 백성들에게 돌려주었다. 이 요리를 맛본 백성들은 그 맛에 감탄하여 '동파육(東坡肉)'이라고 이름 붙였다. 동파육이 다른 지역으로 알려지면서 맛이 조금씩 달라진 것이다.

저장요리는 강남(江南) 요리의 특징이 선명하다. 식재료 본연의 맛을 살리면서도 비주얼의 아름다움을 추구한다. 청나라 때 항저우의

둥퍼러우(동파육, 東坡肉). (비주얼 차이나)

원매(袁枚)가 저술한 〈수원식단(隨園食單)〉은 저장 일대의 음식 문화와 조리법에 대해 상세히 기술했다. 역사적으로 보면 저장 일대에 수많은 문인과 묵객이 모여들어 문학을 창작하고 교류를 나눴다. 그 영향이 저장 음식에도 미쳐서 음식의 맛, 멋, 품격을 모두 갖추게 된 것이다.

　현재 저장요리의 종류는 수백 가지에 달한다. 항저우의 대표 요리는 동파육 이외에도 '시후추위(西湖醋魚)'가 있다. 중국 1세대 지도부인 저우언라이(周恩來) 총리가 외빈을 접대할 때 빠짐없이 주문한 요리여서 유명해졌다. 주재료는 시후에서 난 초어(草魚)다. 민물 생선 특유의 풀냄새를 제거하기 위해 맑은 물에 며칠 더 키운 후 요리한다. 기름, 소금, 미원 등을 사용하지 않고 오로지 황주(黃酒), 쌀식초(米醋), 전분, 설탕으로 만든 소스로 맛을 낸다.

죽순도 저장 지역의 대표 식재료다. 죽순 채취에 가장 적합한 시기는 청명절 전후지만, 일 년 사계절 내내 서로 다른 죽순이 생산되어 저장 사람들의 식탁에 오른다. 신선한 죽순뿐만 아니라 말랭이도 무침, 부침, 볶음, 국물 등으로 다양하게 조리한다. 대표적인 죽순 요리는 '유먼춘순(油燜春芛)'인데, 저장 지역의 전통적인 죽순 볶음이다. 죽순과 돼지고기를 넣고 끓인 국수 '피엔촨(片兒川)'도 유명하다. 생선, 죽순, 고기 등을 절여서 장기간 보관하는 절임 요리도 있다. '샹커우지(鯗扣鷄)'가 절임 음식으로 만든 대표적인 요리인데, 절여서 말린 민어(鯗魚)와 닭고기를 함께 쪄내서 조리한 것으로 독특한 조합을 갖춘 별미다.

푸젠의 요리 '민차이':
냄새 맡은 승려가 담을 넘는다

　'민(閩)'은 중국 푸젠성(福建省)의 약칭이다. 중국 동남쪽의 연안 지역에 위치하며 강과 바다가 합류하는 곳에 사방이 산으로 둘러싸였다는 지리적 특징이 있다. 이 때문에 푸젠요리에 사용되는 식재료가 풍부하다. 가장 유명한 요리는 단연코 '불도장(佛跳墻)'이라 하겠다. 불도장을 가리켜 '미식의 성대함을 보여주는 문화 성찬'이라 평가하기도 한다. 이 요리는 수십 가지의 재료가 들어간다. 해삼, 전복, 상어 지느러미, 마른 가리비, 상어 입술, 돼지 위, 오징어 등 최상의 식재료들이 사용된다. 조리시간도 꽤 소요된다. 말린 식재료를 2~3일 동안 불려두고 닭고기와 오리고기로 기본 국물을 만든다. 재료별로 조리 과정을 달리해서 각각 조리한 후에 단지에 차곡차곡 넣고 약불에 2시간 정도 끓인다. 조미료는 현지에서 생산한 황주(黃酒)를 사용한다. 비린 냄새를 잡고 각종 식재료의 맛이 잘 섞이게 하는 역할을 한다. 복잡한 조리 과정을 거쳐서 만들어진 불도장은 요리문화의 정수를 보여주는 푸젠

퍼티오챵(불도장, 佛跳墻). (비주얼 차이나)

최고의 요리다.

　푸젠 사람들은 탕을 즐겨 먹는다. 푸젠요리의 40퍼센트를 차지할
정도로 다양한 탕요리가 있다. 닭국물, 오리탕, 소고깃국뿐만 아니라
콩, 생선, 뼈를 이용해서도 탕을 끓인다. 푸젠의 잔칫상에서 5~6가지
의 탕은 기본이다. 이런 특징은 다른 지역 요리에서 보기 힘들다. 탕
은 푸젠요리의 '혼'을 담고 있으므로 조리법이 까다롭다. 푸젠 요리사

들은 식재료 본연의 맛을 최대한 실리는 것을 추구한다. 푸젠요리에서 대표적인 탕은 '지탕촨하이빵(鷄湯永海蚌)'이다. 주재료인 코끼리조개와 닭고기를 함께 고아낸 국물인데 맛이 담백하고 고소해서 특히 인기가 많다.

푸젠요리는 달면서도 신맛이 강하다. 이 특징은 푸젠의 기후와 관련 있다. 고온 기간이 4개월 넘게 지속되어서 기후로 인한 스트레스로 식욕이 떨어질 수 있다. 그렇기 때문에 식욕 증진을 위해 새콤하면서 달콤한 맛을 추구하게 되었다. 푸젠요리에는 '리즈러우(荔枝肉)'라는 요리가 있는데 전형적인 새콤달콤한 맛의 요리다. 이름에는 과일인 리치가 들어가지만 요리에는 들어가지 않는다. 주재료가 돼지고기와 물밤(荸齊)인데, 물밤의 과육이 흰색이라서 리치와 형태와 맛이 비슷한 형태라서 붙여진 이름이다.

푸젠요리의 또 다른 특징은 쌀누룩을 원료로 만든 조미료 '홍자오(紅糟)'를 사용한다는 점이다. 홍자오는 방부 작용이 있으며 잡냄새를 제거한다. 혈액순환과 소화를 촉진하고 콜레스테롤을 낮추는 효과가 있어서 많이 사용된다. '자오위(糟魚)', '자오야(糟鴨)', '자오러우(糟肉)'가 홍자오를 사용해서 만든 요리다.

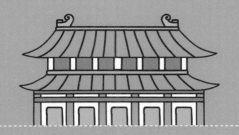

제6장

도시가 품은
중국 미식의 세계

중국을 알면 세계가 보인다

음식문화

시안: 오랜 중화의 맛

"한 도시가 있어 그 애틋함 지울 수 없으니 / 고향에 대한 그리움이 벌써 밀려든다 / 600년의 성벽을 지금도 만져보며 / 시안의 먹거리로 당신은 미식가가 된다.…

(有一座城市 它讓人難以割捨 有一種懷念 它叫做曾經來過 六百年的城牆 如今 讓你隨便觸摸 西安的小吃 足夠讓你變成吃貨)"

이 문구는 〈시안인의 노래(西安人的歌)〉의 가사다. 최근 틱톡 앱에서 인기를 얻으면서 시안에 관한 관심이 다시 뜨거워지고 있다. 시안(西安)은 중국 산시성(陝西省)의 행정 수도이자 웨이허(渭河) 유역 중부의 관중분지(關中盆地)에 위치해 있다. 고대의 수도이기도 했던 시안은 현재 중국 서북 지역의 경제문화 중심지다. 오랜 역사문화를 계승하고 융합해오면서 시안의 식문화에도 많은 영향을 미쳤다.

미식의 도시 시안의 첫인상은 음식점이 굉장히 많다는 점이다. 2만여 곳의 각종 음식점이 도시 곳곳에 분포되어 있다. 그중에서 쓰촨 요리점이 가장 많아 5,200여 곳이 있으며 특히 훠궈(火鍋) 식당은 4,800군데나 있다. 그 외에도 양식점이 2,000여 개소, 동북 요리점이 1,500여 개소, 이슬람 음식점이 800여 개소, 일본과 한국 등 아시아 음식점이 100여 개소다.

  시안 곳곳에 있는 음식의 거리는 미식가들이 사랑하는 장소다. '회족 음식 거리(回民街)'에는 후라탕(胡辣湯), 뉴웨이사궈(牛尾砂鍋), 량피수러우마라탕(凉皮酥肉麻辣湯), 볶음면, 볶음전, 라뉴러우(臘牛肉) 등을 맛볼 수 있다. 600년 넘는 역사가 있는 이슬람문화 거리 '시양쓰구제(西羊市古街)'에서는 이슬람의 풍습과 음식을 체험할 수 있다. 양다리구이, 통양구이, 양꼬치, 훈제 소고기 절임, 훈제 양고기 절임, 닭구이, 소고기 훈둔(餛飩), 파오모(泡饃) 등의 음식도 맛볼 수 있다. 산시(陝西) 사람들이 가장 좋아하는 음식의 거리 '사진챠오(洒金橋)'에는 아침시장과 야시장까지 인파가 종일 끊이지 않는다. 이곳 가장 대표적인 음식은 '단차이자모(蛋菜夾饃)'다. 전(餅) 속에다가 오리알 노른자 2개와 계란 1개를 넣고 짜차이(榨菜), 볶음 땅콩, 고추기름 등 소스를 넣어서 만든 시안식 샌드위치다. 그 밖에 '다처샹제(大車巷街)', '둥무터우스제(東木頭市街)', '순청샹제(順城巷街)', '우싱제(五星街)', '젠궈루(建國路)' 등 미식 거리도 있다.

여우포멘(油潑面). (비주얼 차이나)

시안의 대표적인 요리는 양러우파오모(羊肉泡饃), 펀탕양쉐(粉湯羊血), 자오즈엔(餃子宴), 여우포멘(油潑面)이다. 양러우파오모는 시안인들의 아침 식사에 자주 등장한다. 양고기가 위를 따뜻하게 해준다고 해서 아침에 자주 먹는다. 펀탕양쉐는 서민들의 보양식으로 오랫동안 사랑을 받아왔다. 점심에 펀탕양쉐를 먹고 오후에 시안 고성을 둘러본 후 저녁에 자오즈엔을 먹는 것이 일반적이다. 시안인들은 북방의 교자(餃子)를 받아들여 해산물과 과일 소를 넣는 등 시안만의 독특한 맛을 개발했다. 교자의 소뿐만 아니라 피도 각양각색이다. 토마토

요리사는 6초 만에 한 그릇의 면을 만들 수 있다. 기계처럼 매우 빠르다. (비주얼 차이나)

즙을 넣은 빨간색, 계란 노른자로 만든 노란색, 초콜릿으로 만든 갈색, 오징어먹물로 만든 검정색 등 색깔이 다양하다. 자오즈엔으로 저녁 식사를 한 후에도 허전할 때는 야식으로 여유포멘(油波面) 한 그릇을 더 하면 하루가 완성된다. 중국 속담에 "집을 떠날 때는 교자, 집에 돌아올 때는 국수를 먹는다(出门饺子 回家面)"는 말이 있다. 길쭉한 국수 가닥은 '길게 오래도록'이라는 뜻이 있어서 자주 먹는다.

청두: 한가로운 생활은
먹는 데서부터 시작한다

중국에서 음식문화로 시안(西安)과 비등한 도시는 청두(成都) 밖에 없다. 이 도시들은 각각 중국 서부의 남과 북에 위치한다. 시안이 전통적이고 고풍스럽다면 청두는 트렌디하고 혁신적이다. 파촉(巴蜀) 지역 특유의 여유로운 생활 패턴 덕분에 삶의 정취를 제대로 즐기면서 살아간다. 삶의 즐거움 중에서 미식의 추구도 당연히 극대화되었다. 청두의 풍부한 자원과 먹거리는 예로부터 '천혜의 땅(天府之國)'이라는 찬사가 있을 만큼 유명하다.

인터넷에 재미있는 이야기가 있다. 어느 외국인 청년이 일 년 동안 중국의 음식을 모두 맛보겠다고 큰소리를 쳤다. 그러나 5년이 지났을 때도 쓰촨의 음식마저 전부 맛보지 못했다고 한다. 청두에 얼마나 많은 음식점이 있는지는 상상하기도 어렵다. 실제로 '우허우취(武侯區)' 구역에만 6,600여 곳의 음식점이 있다. 음식점이 가장 적게 분포된 '두장옌시(都江堰市)' 구역에도 1,652곳이 있다.

청두는 시안처럼 도시 전체에 미식의 거리가 분포되어 있다. 상업적인 분위기가 농후한 '진리(錦里)'에서는 청두에서 가장 전통이 깊은 미식 탕유궈즈(糖油果子), 산다파오(三大炮), 장페이뉴러우(張飛牛肉), 버버지(缽缽鷄)를 꼭 맛봐야 한다. 미식의 천당이라 불리는 '위린제(玉林街)'에는 많은 클럽들이 성업하고 있다. 전통 먹거리인 훠궈, 꼬치, 바비큐, 가재 등이 클럽의 불빛과 미묘한 조합을 이루고 있다. 청두의 특색을 담은 옛 골목 '샹허리(祥和里)'의 길이는 600여 미터나 되는데 모두 음식점으로 꽉 찼다. 이곳에서는 청두 지역뿐만 아니라 전국 각지의 음식을 맛볼 수 있다. 동북의 물만두, 광둥의 차사오(叉燒), 항저우의 주간몐(猪肝面), 안후이의 돼지족발구이(醬燒猪蹄)가 사람들의 발길을 잡는다.

청두의 미식 거리로 '쿠이싱러우제(奎星樓街)', '콴자이샹즈(寬窄巷子)', '퉁신루(同心路)', '원수팡(文殊坊)', '젠서샹(建設巷)', '지샹제(吉祥街)' 등도 있다. 어딜 가든 청두의 대표 먹거리 3가지인 촨촨샹(串串香), 루차이(鹵菜), 마오차이(冒菜)는 반드시 만난다. 첫 번째 대표 먹거리인 '촨촨샹'은 마라탕(麻辣湯)의 다른 명칭인데 대표적인 서민 음식이다. 주민들의 거주지나 시장 주변에서 많이 판매한다. 꼬치에 버섯, 연근, 목이버섯, 소시지 등의 식재료를 꽂아서 매운 국물에 넣어서 익히기만 하면 된다. 촨촨샹이 인기 있는 비결은 매운 국물과 소스에 있다.

'절판된 오랜 청두'로 불리는 십일가(十一街), (비주얼 차이나)

둘째로 청두인들이 가장 많이 사는 음식은 조림 음식인 '루차이'다. 청두 루차이의 종류는 다양한데 그중 많이 먹는 재료는 돼지의 족발과 꼬리 그리고 오리의 똥집, 혀, 갈비, 머리, 날개 등이다. 마지막으로 마오차이는 청두의 독특한 요리이며 마오(冒)는 물로 끓인다는 뜻이다. 그냥 물이 아니라 각종 한약재와 조미료를 넣은 물을 가리키며, 이 약재 탕에 여러 식재료를 익혀서 먹는 것이 특징이다.

톈진: 먹는다는 것은 엄숙한 일이다

2017년 톈진에서 중요한 사건이 발생했다. 톈진(天津) 사람이 가장 좋아하는 '젠빙궈즈(煎餅果子)'가 국가가 지정하는 '시급 무형문화유산(市級非物質文化遺産)'으로 지정된 것이다. 문제는 톈진인들이 젠빙궈즈 조리법에 대해 엄격한 기준을 가진다는 점이다. 밀가루 반죽의 정도는 어떠해야 하는지, 어떤 소를 넣어야 하는지, 어떤 소스를 발라야 하는지 등 굉장히 까다롭게 준비한다. 중국의 인기 TV프로그램 〈심야식당(深夜食堂)〉에서 유명 연예인 황레이(黃磊)가 만든 젠빙궈즈가 전통적이지 않다는 이유로 악성 댓글이 달리기도 했다. 이는 톈진인들이 젠빙궈즈를 얼마나 아끼는지 확인할 수 있는 사건이다. 톈진 사람들은 다른 지역에서 채소, 돼지고기, 소시지 등을 넣고 만든 것은 젠빙궈즈로 인정하지 않는다. 일상의 작은 먹거리에 대한 집념만 보아도 톈진 음식에 대한 열정과 사랑을 알 수 있다.

톈진에는 음식점 수가 특히 많다. 2016년 통계에 의하면 톈진에는

1만 6천 곳의 음식점이 있는데 그중에 훠궈점이 4,240곳으로 가장 많다. 그다음 순으로 쓰촨 음식점 2,800여 곳, 양식점 2,200여 곳, 일본 및 한국 음식점 2,000여 곳, 이슬람 음식점 800여 곳이 있다. 그밖에 시베이요리(西北菜), 저장요리(浙江菜), 후난요리(湘菜) 등도 100여 곳에 달한다.

그리고 텐진에는 미식 거리도 많다. 1984년에 건설된 '텐진 음식 거리'는 중국에서 가장 큰 규모의 음식점 집결지다. 이곳에는 중국 8대 요리를 모두 맛볼 수 있는 음식점들이 모두 모여 있다. '펑라이샹반장(蓬萊香飯庄)', '화린주점(華林酒家)'을 대표로 하는 산둥요리, '진샹반장(津湘飯庄)'을 대표로 하는 후난요리, '양청주점(羊城酒家)'과 '차오저우 음식점(潮州餐)'을 대표로 하는 광둥요리가 있고 일본, 한국, 태국 등 해외 음식점도 많이 있다.

텐진은 2018년에 젠빙궈즈를 통해 음식문화 외교를 한 적이 있다. 중국과 러시아의 만찬 행사에서 블라디미르 푸틴(Vladimir Putin) 러시아 대통령이 직접 젠빙궈즈를 만들어 화제가 되기도 했다. 텐진의 대표 간식은 젠빙궈즈 이외에도 고기소 찐빵 '거우부리바오즈(狗不理包子)', 튀김 꽈배기 '스바제마화(十八街麻花)', 찹쌀 도넛 '얼둬엔자가오(耳朵眼炸糕)'가 있다.

거우부리바오즈라는 이름은 청나라 도광(道光) 연간에 살던 거우즈

텐진 고문화거리(天津古文化街)에서 시민과 관광객이 줄지어서 텐진 전통 젠빙궈즈(煎餅果子)를 사고 있다.
(비주얼 차이나)

(狗子)라는 사람에게서 유래했다. 14살에 만두 빚는 기술을 배워서 17
살에 혼자 만둣집을 운영했는데, 만두 피가 얇고 소가 많지만 느끼하
지 않아서 찾는 사람들이 많았다. 장사가 점점 더 잘되자 거우즈는 사
람들과 말을 할 시간조차 없었다. 그래서 손님들이 '거우즈가 사람을
무시한다(狗子不理人)'는 뜻으로 '거우부리(狗不理)'라는 표현을 음식 이
름에 붙인 것이다.

텐진 고문화거리(天津古文化街)에서 시민과 관광객들이 거우부리바오즈(狗不理包子)를 만드는 과정을
보고 있다. (비주얼 차이나)

　　100여 년의 역사가 있는 '꾸이화샹마화(桂花祥麻花)'는 전국에서 유
명한 중국식 간식이다. 첫 판매점이 텐진의 다구난루 스바제(大沽南路
十八街)에 위치해서 '스바제마화'라고도 불린다. 스바제마화의 특징은
참깨, 호두, 해바라기씨, 청매실, 물푸레나무, 청실 또는 홍실, 향료
등으로 만든 바삭한 소를 넣었다는 점이다. 꾸이화샹마화는 바삭함과
부드러움이 한데 어우러지면서도 소가 들어있는 독특한 꽈배기다.

　　찹쌀 팥소 도넛 '얼둬엔자가오(耳朵眼炸糕)'의 역사도 백 년이 넘는다. 청나라 광서(光緒) 연간에 리우완춘(劉萬春)이라는 사람이 텐진의 얼둬엔 골목 입구에서 처음 팔기 시작했다. 텐진시 정부는 얼둬엔자가오를 귀빈 접대에 반드시 올리는 음식으로 지정하는데 국내와 해외 손님들이 감탄을 자아내곤 한다.

베이징: 옛날식 더우즈 없이는
생활할 수 없다

옛날식 베이징 두유 '더우즈(豆汁)'를 잘 먹을 수 있으면 미식가가 될 만하다. 베이징(北京) 토박이만이 더우즈를 먹을 수 있기 때문이다. 더우즈는 녹두를 갈아서 발효시킨 죽인데 특유의 시큼한 맛과 꼬릿한 냄새 때문에 일반인이 맛있게 느끼기 어렵다. 그러나 베이징 사람들에게 더우즈와 자오취안(焦圈)는 든든한 아침식사가 된다.

베이징의 옛 골목을 둘러볼 때는 휴대폰으로 맛 평가를 검색하기보다는 동네 아저씨 아주머니들에게 현지 맛집을 추천받는 편이 훨씬 낫다. 베이징은 오랜 역사만큼이나 식문화도 다양하고 풍부하다. 정교하고 기품이 있는 궁중의 요리, 재료 선택이 까다로운 관부(官府)의 요리, 전통이 있는 민간의 요리 등 다양한 요리가 함께 어우러져 있다. 베이징에서 가장 대표적인 미식 거리는 시내 중심축에 위치한 '첸먼따제(前門大街)'다. 이 거리에는 베이징의 전통을 지켜온 대표 음식점들이 밀집해있다. 예컨대 '취엔쥐더(全聚德) 오리구이점', '웨성자이

장육점(月盛齋醬肉店)’, ‘이탸오룽 양고기점(一條龍羊肉店)’, ‘두이추 사오마이관(都一處燒賣館)’ 등의 음식점들은 베이징의 역사와 문화를 대표하는 장소이기 때문에 반드시 방문해야 한다.

 ‘왕푸징(王府井) 간식거리’는 베이징과 인근 지역의 간식 500여 종을 맛볼 수 있는 유명한 장소다. ‘핑안따제(平安大街)’는 베이징의 대표적인 서민 음식을 맛볼 수 있는 미식 거리로, 완더우황(豌豆黃), 멘차(面茶), 나이유자가오(奶油炸糕), 뤼다군(驢打滾), 양자탕(羊雜湯), 더우즈(頭汁) 등의 메뉴가 지금도 사랑을 받고 있다. 핑안다제에서 유명한 음식점은 어메이지우자(蛾嵋酒家), 바이자푸즈(白家鋪子) 등이 있는데 소고기와 양고기를 섞은 찐빵, 소고기찜(碗牛肉), 양고기구이 등이 대표적이다.

 베이징에는 많은 음식이 있지만 그중 오리구이 카오야(烤鴨)가 단연 으뜸이다. “만리장성에 못 오르면 대장부가 아니고, 카오야를 못 먹으면 한이 남는다(不到長城非好漢, 不吃烤鴨眞遺憾)”라는 말이 있다. 베이징 카오야는 살이 많고 붉은 색감이 예쁘며 식감이 매우 부드럽다. 명나라 때부터 먹기 시작해서 지금까지 600년에 달하는 역사가 있다. 〈당안춘추(檔案春秋)〉에 저우언라이(周恩來) 총리가 취엔쥐더에서 외빈 접대를 스물일곱 번이나 했다고 기록됐을 만큼 베이징 카오야는 문화외교에 사용되는 대표 요리다.

베이징, 첸먼(前門) 보행거리에 있는 취엔쥐더(全聚德) 오리구이점에서 요리사가 손님에게 국가급 무형문화유산인 '취엔쥐더카오야 조리 기술'을 보여주고 있다. (비주얼 차이나)

베이징, 다짜란(大柵欄) 취엔쥐더(全聚德) 오리구이점에서 요리사가 손님에게 갓구운 오리를 썰어주고 있다. (비주얼 차이나)

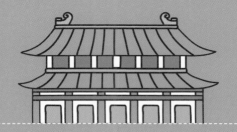

제7장

민족 음식은 중국의
또 다른 맛

중국을 알면 세계가 보인다

음식문화

동일한 식재료를 각기 다른 조리사가 요리한다면 각양각색의 맛이 나오는 게 당연하다. 중국은 다민족 국가여서 다양한 민족 음식이 중국 전체의 음식문화를 더욱 풍성하게 한다. 소수민족의 음식이라 하면 중국인들은 가장 먼저 신장(新疆)을 떠올릴 것이다. 신장에서는 당도 높은 과일이 많이 생산되는데 멜론, 수박, 배, 복숭아, 살구, 무화과, 포도가 으뜸이다. 특히 건포도는 전국에서 품질이 가장 좋은 것으로 평가받는다.

신장인의 주식은 '낭(饢)'이라 불리는 얇게 구워낸 빵이다. 집집마다 낭을 굽는 화덕이 있을 정도다. 낭은 맛이 고소하고 바삭하며 보관 기간이 길다. 전통적인 낭은 밀을 이용해서 만들지만, 견과류를 첨가하기 시작하면서 색다른 맛이 개발되고 있다. 신장 사람들은 낭을 굽는 화덕에서 다른 음식도 구워낸다. 대표적인 신장의 미식으로 불리는 구운 찐빵 카오바오즈(烤包子)도 화덕에서 만든다. 현지인들은 카오바오즈를 '사무싸(沙木薩)'라고 부른다. 카오바오즈의 소는 양고기에 양꼬리 기름, 파, 후추, 쯔란(孜然, 커민)을 넣는다. 낭컹카오러우(饢坑烤肉)도 같은 화덕에서 굽는다. 이 요리는 양꼬치와 비슷하다. 양꼬치는 직접 숯불에 굽지만 낭컹카오러우는 화덕에 굽는 것이 특징이다.

서우좌판(手抓飯)은 위구르족(維吾爾族)이 손님을 대접할 때 만드는 요리다. 흰쌀, 당근, 양파, 양고기 또는 양갈비, 쯔란을 넣고 뜸을 들

신장 투루판의 포도를 말리는 공간. (비주얼 차이나)

신장의 주민들이 포도나무 시렁 아래에서 춤과 노래를 즐기고 있다. (비주얼 차이나)

여서 만든다. 담백하면서 고소한 맛이 특징이다. 그 외에 신장의 대표
요리로 라탸이즈(拉條子), 다판지(大盤鷄), 샹수양투이(香酥羊腿), 낭바
오로우(饢包肉), 카오취엔양(烤全羊) 등이 있다. 신장요리는 양고기를
많이 사용하는데 특유의 누린내를 잡기 위해 넣은 향신료 쯔란의 강
한 맛이 특징이다.

  몽골의 음식도 점차 중국에서 인지도를 넓혀가고 있다. 몽골 사람
들은 유목 생활을 하기 때문에 육류와 유제품을 많이 섭취한다. 몽골
족의 대표 요리로 가장 먼저 떠오르는 것은 카오취엔양(烤全羊)이다.
양을 통째로 구웠다는 뜻인데 중요한 명절과 귀빈을 접대할 때 반드
시 올리는 요리다. 신장에서는 강한 향신료인 쯔란을 넣는다면 내몽

신장 멜론(新疆哈密), 지투이좌판(鷄腿抓飯). (비주얼 차이나)

골의 양고기 요리는 소금만 넣어서 양고기 본연의 맛을 중시하는 것이 특징이다. 카오취엔양 외에 내몽골의 서우바러우(手扒肉)는 양고기와 함께 뼈까지 물에 넣고 끓인다.

내몽골의 유제품은 발효, 가열, 말림 등의 방법으로 만든다. 요구르트, 유두부, 치즈, 버터, 나이피즈(奶皮子, 우유나 양유를 끓일 때 생긴 얇은 막을 말린 음식), 나이거다(奶疙瘩, 말린 치즈 덩어리) 등이 대표적이다. 유제품들은 유목민들이 유목 생활에 필요한 영양을 공급해주는 최고의 간식이다.

중국 동북지역에 모여 사는 조선족 음식도 유명하다. 조선족은 쌀밥과 채식 위주의 식사를 하며 떡, 냉면, 오곡밥 등의 전통 음식이 있다. 이러한 주식(主食)과 함께 각종 채소를 절인 김치류를 반찬으로 먹

신장의 카스(喀什) 구도심에서 어린이 한 명이 낭(饢) 판매대에서 혀를 날름거리고 있다. (비주얼 차이나)

는다. 특히 겨울철에는 무나 배추에 대파, 생강, 마늘, 고춧가루 등으로 만든 양념을 버무린 김치를 주요 반찬으로 섭취한다.

중국 서남지역에는 많은 소수민족이 살고 있어 각기 다른 민족 음식문화가 공존한다. 이 지역에 대표적인 민족 요리는 이족(彝族)의 대나무밥 '주퉁판(竹筒飯)', 동족(侗族)의 차로 끓인 죽 '다유차(打油茶)', 리수족(傈僳族)의 오리탕 '치요우뚠야(漆油焯鴨)', 아창족(阿昌族)의 생선요리 '쏸라구화위(酸辣谷花魚)', 노족(怒族)의 돼지고기 절임 '피파러우(琵琶肉)' 등이 있다.

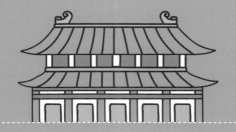

제8장

맥주, 마시고 즐기고 미친다

'단맛 술의 연한 맛을 싫어하다가
단술만 마시기까지'

"한여름엔 노래하며 마음껏 술 마시고, 싱그러운 봄날에는 애인과 고향을 찾네("白日放歌须纵酒, 青春作伴好还乡"의 출처는 두보(杜甫)의《闻官军收河南河北》이다.)

"감미로운 포도주를 야광 술잔에 담아서, 맛보려 하나 말 위의 비파 소리가 길을 재촉하네(葡萄美酒夜光杯, 欲飮琵琶馬上催)"(王翰의〈凉州詞〉)

"그대에게 다시 한 잔을 권하노라, 서쪽으로 양관을 벗어나면 친구 하나 없을 테니(勸君更盡一杯酒, 西出陽關無故人)"(王維의〈送元二使安西〉)

"꽃나무 사이에 술 한 독을 놓고, 친구도 없이 홀로 마신다(花間一壺酒獨酌無相親)"(李白의〈月下獨酌〉)

중국 고대의 시문을 살펴보면 술의 향기가 느껴진다. 그만큼 중국 인들이 술을 좋아한다는 사실을 확인할 수 있다. 시에 등장하는 술은 주로 황주, 백주, 포도주뿐이고 맥주의 흔적은 찾을 수 없다. 물론 중국 고대에도 맥아 발효물질은 있었다. 이 물질을 '예(醴)'라고 불렀다. 〈여씨춘추(呂氏春秋)〉에서는 "예라는 것은 누룩을 쓰지 않고 맥아와 기장을 발효시켰기에 색이 탁하지만, 맛이 달다(醴者, 以糵與黍相醴, 不以麴也, 濁而甜耳)"고 했다. 하지만 중국에 널리 전파되지는 못했다. 명나라의 송응성(宋應星)이 쓴 천공개물(天工開物)에 그 이유가 적혀 있다. "예로부터 누룩으로 술을 만들고 맥아로 예를 만들어 왔지만, 후세 들어서는 예의 연한 맛을 싫어해서 점차 실전되었다(古來曲造酒, 糵造醴, 後世厭醴味薄, 逐至失傳)." 알코올 도수가 높은 백주와 황주가 중국인의 취향에 더 적합했다. '주선(酒仙)'이라 불리는 이백(李白)처럼 술에 취해야만 시문을 창작했던 고대 문인에게는 맥주가 인기를 얻기 어렵다.

진정한 맥주는 근대에 이르러 유럽에서 중국으로 전파되었다. 전파 초기의 중국인들은 맥주를 즐겨 마시지 않았다. 청나라 때 영국 주재 공사(公使)로 일했던 곽숭도(郭嵩燾)는 일반 중국인보다 맥주를 일찍 접할 수 있었다. 그는 1877년의 일기에 맥주에 대해 '쓴맛이 나는 술(苦酒)'이라고 적었으며 런던에서는 사람들이 이 술로 자신을 맞이했다고 기록했다.

또 다른 이야기에서는 중국에서 가장 먼저 맥주를 맛본 사람이 베이징 둥자오민샹(東交民巷)의 독일 대사관에서 정원사로 일한 중국 인부였다고 전한다. 독일 공사의 부인이 중국 인부가 땀을 뻘뻘 흘리며 일하는 모습을 보고 갈증을 해소하라고 맥주를 건넨 것이다. 그 인부는 맥주 한 모금을 마신 후에 바로 뱉어버리면서 "색깔은 말 오줌 같고 맛은 한약 같다"고 불평했다. 이 때문에 초기에는 맥주를 '말 오줌(馬尿)'이라고 낮춰 부르기도 했다.

19세기 말에서 20세기 초까지 중국은 서구문화의 우월감에 도취되어 '식사 도구는 반드시 서양식 도구를 쓰고, 식사는 반드시 양식을 먹여야 한다'는 기형적인 모방과 추구가 생겨났다. 민국(民國) 시기의 유명한 학자인 후푸안(胡朴安)은 〈중화전국풍속지(中華全國風俗志)〉에서 당시 이런 사회 현상을 묘사했다. "예전에는 술이라 하면 유천거(柳泉居)의 황주(黃酒)를 으뜸으로 쳤지만, 지금은 별 셋 짜리 브랜디나 맥주가 아니면 마시지 않는다." 이때부터 중국인들이 맥주를 마시게 된 것이다.

그러나 신중국 수립 이전에 맥주를 맛볼 수 있는 사람은 극소수에 불과했고 그마저도 특권에 속했다. 당시에는 중국의 맥주 생산 기술도 매우 낙후됐다. 중국 최초의 맥주 공장은 1900년 러시아 상인이 자신의 이름을 내걸고 하얼빈(哈爾濱)에 세운 '우루부네티프쓰지(烏盧布列希夫斯基) 맥주공장'으로, 현 하얼빈 맥주공장의 전신이다. 독일이 산둥을 침략한 후 1903년 영국과 합자해서 현 칭다오맥주 공장의 전

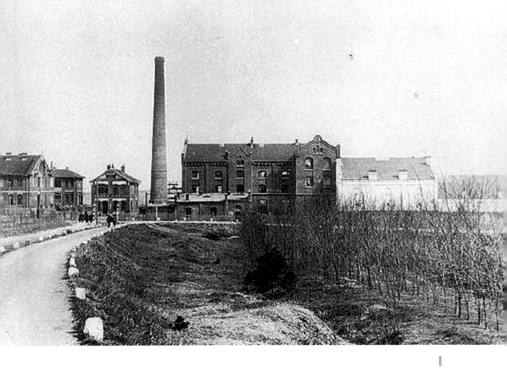

20세기 초 칭다오 맥주공장 모습이다.
사진에 있는 건물들은 1903년에 지어졌으며 현재는 칭다오맥주박물관의 메인 공간으로 사용하고 있다.
(비주얼 차이나)

신인 영덕맥주공사(英德啤酒公司)를 세웠다. 그 후 각국 열강들이 러시아와 독일을 따라 진출해서 일본인, 영국인, 프랑스인들이 순차적으로 상하이(上海), 텐진(天津), 선양(瀋陽) 등지에 맥주공장을 설립했다.

중국인이 자력으로 설립한 최초의 맥주공장은 1904년 헤이룽장성(黑龍江省) 이몐퍼(一面坡)에 세워진 '중둥(中東) 맥주공장'이다. 몇 년 후 '하얼빈 우저우 맥주─사이다 공장(五洲啤酒汽水廠)', '베이징 솽허성 맥주공장(北京双合盛啤酒廠)', '옌타이 리취엔 맥주공장(煙臺醴泉啤酒廠)', '광저우 우양 맥주공장(廣州五羊啤酒廠)' 등이 세워졌다. 이 맥주공장들은 민자자본으로 세웠으나 발효 원료, 생산 기계, 양조법 등은 모두 외국에 의지해야 했다. 당시에는 사회가 불안정해서 외자(外資)로 지은 맥주공장이든 본토 맥주공장이든 모두 경영난에 허덕였고 생산량도 적었다.

신중국 수립 이전에는 맥주공장이 전국 10곳도 안 됐다. 주로 하얼빈, 칭다오, 베이징, 상하이, 광저우 등 도시에 밀집되어 있었고 연 생산량도 1만 톤 미만이었다. 당시 서민들은 빈곤한 생활로 밥 먹는 문제도 힘들었기 때문에 고급 서양 맥주는 더욱 사치스러운 물건이었다. 그때 생산된 맥주는 대부분 중국에 거주하는 외국인에게 제공했다.

폭발적인 중국식 '맥주와 조개의 조합'

　중국 푸싱그룹(復星集團)의 회장 궈광창(郭廣昌)은 〈나와 칭다오맥주의 이야기(我和靑島啤酒的故事)〉에서 30년 전의 상황을 회상한 바 있다. 그가 현지 조사를 위해 칭다오에 갔을 때는 칭다오맥주가 배급표를 통해 공급을 받는 매우 귀한 사치품이었다. 당시 그는 칭다오맥주를 맛보기 위해 밥을 두 끼 굶어야만 했고 마침내 소원을 이루었다. 칭다오 사람들은 타지의 친구에게 반드시 하는 말이 있다. "언제 칭다오에 오면 조개 요리에 맥주를 쏠게!"

　신중국 수립 후 중국인들이 본격적으로 맥주를 마시면서 맥주 산업도 크게 발전했다. 초기의 중국 정부는 기존의 맥주공장을 기초로 국립 맥주공장을 톈진(天津), 우한(武漢), 쉬엔화(宣化), 난징진링(南京金陵) 등에 더 지었다. 1949년부터 1979년까지 전국 90여 곳에 맥주공장이 있었고 생산량도 51만 3천 톤에 달했다. 이 수치는 신중국 수립 전의 70배에 달한다.

1986년 6월, 베이징에서 시민들이 생맥주를 구매하기 위해 줄지어 서있다. (비주얼 차이나)

맥주 공급은 국력을 보여주는 지표였다. 계획경제 시기에 식량이 부족하고 국력이 쇠약해졌을 때는 맥주 공급이 제한적이었다. 대다수 중국인에게는 사치품에 불과했다. 맥주공장이 있던 도시나 서양문화의 영향을 받은 칭다오, 하얼빈, 베이징, 광저우, 상하이 등의 대도시에서만 맥주를 찾아볼 수 있었다. 맥주를 구매하려면 배급표가 있어야 했다. 칭다오는 매년 국경절과 춘절에 맥주를 공급했는데 한 가구당 5병 이하로 제한을 두었다.

70년대 말이 되어서야 생맥주가 유통되기 시작했다. 맥주 애호가들은 집에서 가져온 보온병과 물병을 들고 길게 줄을 서서 구매했다. 1시간 정도 기다리는 것은 기본이었다. 판매상들은 소비자들이 용기를 챙겨오는 번거로움을 덜어주기 위해 플라스틱 봉투에 생맥주를 담아주었고 이 방식은 오늘날까지 이어진다.

맥주 구매는 1980년대 초까지도 어려움이 있었다. 맥주가 서민의 삶 속으로 완전히 녹아든 것은 개혁개방 이후다. 맥주 생산량이 대폭 증가한 것이 가장 큰 이유였다. 국가가 맥주의 생산과 유통을 개방하면서 지역마다 자율적으로 맥주를 생산하고 유통할 수 있게 됐다. 맥주 산업의 발전을 촉진하기 위해 1985년 국가는 '맥주 전문 프로젝트(啤酒專項項目)'를 실행했다. 국가에서 8억 위안(한화 1,400억 원), 지방 정부가 자가 융자금으로 26억 위안(한화 약 4,513억 원)을 냈으며 시설 전문비용 8,000만 달러도 지원했다. 몇 년 되지 않아 각 지방에 수많은 맥주공장이 생겨났다. 현재 전국 각 도시와 현(縣)에 지어진 맥주공장은 813곳에 달하며 저장성(浙江省)에만 140곳이 넘는다. 중국 맥주 생산의 공업화, 규모화의 시대가 도래한 것이다. 일례로 칭다오맥주공장의 생산량은 1982년에는 5,000만 리터였다가 1992년에는 1억 3천 만 리터까지 증가했다. 중국 전체의 맥주 생산량은 세계 26위였다가 1988년 독일과 미국에 이어 3위로 발전했다. 2002년에는 생산량이 2,386만 톤에 달해 처음으로 미국을 누르고 세계 최대의 맥주 생산국이 되었다.

맥주 생산량 증가에 따라 소비도 비약적으로 늘어났다. 개혁개방 초기에는 중국인 1인당 맥주 소비가 연평균 10.3리터였는데, 2015년에는 34.5리터(약 69병)로 증가했다. 도시와 농촌뿐만 아니라 연안에서 변방에 이르기까지 이제 맥주는 일상생활에서 빠질 수 없는 존재가 되었다. 칭다오 야시장에서 사람들은 조개 요리를 안주 삼아 맥주를 마신다. 신장(新疆)에서는 양꼬치와 '우수(烏蘇)' 맥주를, 내몽고에서는 '쉐루(雪鹿)' 맥주, 티베트(西藏)에서는 '라샤(拉薩)' 맥주를 판다. 각 지역마다 고유의 맥주를 소비하는 모습은 이제 당연한 일상 풍경이 되었다.

전 세계와 더불어 건배를

　개혁개방 초기에는 중국의 맥주 산업이 크게 발전하기도 했지만, 맥주의 종류는 비교적 단조로웠다. 90년대 들어서야 이러한 상황이 변하기 시작했다. 당시 칭다오맥주의 공장장 량퉁웨이(梁同爲)는 해외 조사를 진행하며 깊은 감명을 받았다. 독일에서 아주 신선한 생맥주를 맛보게 되면서 중국에서의 제조를 결심한 것이다. 아직은 단가가 높아 대중들이 수용하기 어렵다는 의견도 있었지만 그는 성공을 확신했다. 그리고 결과가 그 결정이 옳았음을 증명했다.

　현재 중국의 맥주 시장은 병맥주만이 독주하지 않는다. 생맥주(生啤), 숙성맥주(熟啤), 서빙 생맥주(扎啤) 등 종류, 브랜드, 품질이 다양하다. 단일하던 맥주 포장도 다양해졌다. 병맥주, 캔맥주, 통맥주 등 창의적이면서도 트렌드에 맞게 바뀌었다. 인터넷 시대에는 구매방식도 편리해졌다. 국내의 타지 맥주나 해외에서 생산된 맥주도 구매할 수 있다. 실제로 오전에 칭다오 제1공장에서 생산한 생맥주가 오후에

칭다오맥주축제의 대표적인 조형물 '세계와 건배'. (비주얼 차이나)

는 신장(新疆)까지 배달되어 맥주 소비는 더욱 활발해졌다.

더욱 놀라운 것은 백 년 전만 해도 백지상태나 다름없던 중국의 맥주 산업이 오늘날에는 국제적으로 지명도가 있는 브랜드를 만들어냈다는 사실이다. 중국 최초의 맥주 공장인 하얼빈 맥주공장의 발전이 대표적인 사례다. 하얼빈맥주는 2010년과 2014년에 FIFA 월드컵의 공식 파트너가 되어 중국 최초로 월드컵을 후원하는 브랜드로 올라섰다.

중국 맥주의 대모라고 할 칭다오맥주는 세계 100여 개 국가와 지역에 등록되어 있어 세계적인 브랜드로 발전하였다. 미국에서 칭다오맥주는 차이나타운에서만 판매하는 상품이 아니라 전국 맥주 시장의 주류 상품으로 취급받는다. 칭다오맥주가 만드는 셴냥(鮮釀) 맥주는 독일의 작은 마을까지 알려졌으며 가격도 현지 맥주의 3배에 달한다. 칭다오맥주는 2011년 태국에 공장을 설립하면서 국제화를 향해 한 발 더 나아갔다. 그 외에도 '진싱(金星)' 맥주의 광고가 미국 뉴욕의 타임스퀘어에 등장했으며, '쉐화(雪花)' 맥주는 영국의 맥주 바에서 판매되는 등 많은 수의 중국 맥주들이 해외에서 판매되고 있다.

해외 맥주 기업들은 거대하면서도 개방적인 중국의 맥주 시장에 관심을 보인다. 신중국 수립 초기에 칼스버그(Carlsberg) 홍콩지사가 설립된 이후 중국의 맥주는 오랫동안 발전해왔다. 당시 칼스버그 맥주는 5성급 호텔에서만 마실 수 있었다. 1990대 들어서는 본토의 맥주 공장과 합작을 시작했고 칼스버그가 기술과 브랜드를 제공하면 중국이 생산과 판매를 하는 식으로 협업했다. 이후 중국 본토의 맥주 브랜드가 성장하자 서민들은 가격이 저렴한 국산 맥주를 선호했고, 가격이 비싼 칼스버그는 판매가 힘들어지자 결국 상하이 생산기지를 칭다오맥주에 매각하게 되었다.

2001년 중국이 세계무역기구(WTO)에 가입하면서 해외 맥주 제조사들은 다시금 중국 시장에 진입했다. 2006년 중국은 수입 맥주의 관세를 철폐했고 칼스버그는 중국 각지의 맥주공장을 인수·합병했다. 그래서 지금은 신장우수(新疆烏蘇), 충칭(重慶), 라싸(拉薩), 따리(大理), 황허(黃河) 등 여러 맥주 기업의 주식을 보유하고 있다.

지금의 중국은 해외 맥주 브랜드의 성지가 됐다. 버드와이저, 하이네켄, 칼스버그, 기린, 아사히, 산미구엘 등 해외의 맥주 기업들은 공장 설립이나 합자, 합작 등의 방식으로 중국에 생산기지를 확보하고 있다. 경제력이 생긴 중국인들이 점차 수입맥주를 선호하고 있기 때문이다. 과거에는 수입 주류점에서만 구입 가능했던 맥주가 오늘날에는 일반 주류점에서도 판매된다. 허난성의 정저우(鄭州)에서 작성된 수입 맥주 리스트만 보아도 700여 종에 달한다. 2016년에 시진핑 주석이 제임스 카메론(James Cameron) 전 영국 총리와 마셨던 영국의 '그린 킹(Green King)' 맥주가 중국에서 갑작스러운 인기를 얻으며 베스트셀러가 되기도 했다.

여름철에 마음껏 마시는 맥주 축제

맥주 생산자들은 맥주를 정의할 때 '카니발'이라는 단어를 빼놓지 않는다. 맥주 강국인 독일은 맥주를 위한 기간 즉 '맥주 축제'를 만들었다. 예전의 중국인들은 해외로 나가야만 맥주 축제의 열정과 즐거움을 느낄 수 있었지만, 지금은 국내에서도 맥주를 마음껏 마실 수 있는 즐거움을 누릴 수 있다. 1991년 칭다오에서 시험 삼아 시작된 맥주 축제는 시민들의 호응에 힘입어 지속적으로 발전해왔다. 매년 여름이면 칭다오뿐만 아니라 전국 각지에서 맥주 축제가 이어지면서 이제는 전 국민이 모두 즐길 수 있는 축제로 자리매김 했다.

중국에서 가장 대표적인 맥주 축제로는 '칭다오국제맥주축제(青島國際啤酒節)'를 꼽을 수 있다. 이 축제는 중국에서 가장 오래되었고 규모도 크며 인지도도 높다. 매년 8월 둘째 토요일에 시작해서 16일 동안 열리는데 지금까지 30회를 치러냈다. 칭다오국제맥주축제는 개혁개방 정책을 배경으로 만들어졌다. 주 테마는 '칭다오와 세계가 건

칭다오맥주축제의 참가자들. (비주얼 차이나)

배를 나눈다(青島與世界乾杯)'인데 개방적이고 포용적인 마음으로 세계를 맞이한다는 의미를 담고 있다. 지난 30년 동안 매우 빠르게 발전하면서 대규모 인원을 수용하기 위한 장소 변경이 여러 차례 있었다. 지금은 세계에서 면적이 가장 큰 맥주 테마 광장을 건설해서 사용하고 있다.

1991년 제1회 행사에는 중국 본토의 맥주 기업들만 참여했으나 2018년 제28회 때는 독일, 미국, 스페인, 체코 등 200여 개의 국제 브랜드가 참여했으며 1,300종이 넘는 맥주가 출품됐다. 이 축제에 오면 세계적으로 유명한 맥주를 거의 다 맛볼 수 있다는 뜻이다. 맥주 여신 선발대회(啤酒女神选拔), 꽃마차 퍼레이드(花车巡游), 마시기 대회(飲酒 大賽) 등의 부대행사도 열린다. 이제는 관광, 문화, 스포츠, 무역이 혼합된 국가급 축제로 지정되었고 아시아의 대표적인 맥주 축제로 발돋움했다.

또 다른 축제인 '하얼빈국제맥주축제(哈爾濱國際啤酒節)'는 매년 7월에 개최된다. 하얼빈은 '동방의 모스코바', '동방의 작은 파리', '음악의 도시'로 불릴 만큼 유럽풍 건물과 문화가 산재해 있다. 하얼빈은 중국 맥주의 탄생지로도 알려져 있으며 백 년에 달하는 맥주 문화를 보유하고 있다. 하얼빈국제맥주축제의 전신인 국제맥주박람회(國際啤酒博覽會)가 1988년 여름 하얼빈에서 처음 열린 이후 2019년 제18회 국제맥주축제까지 이어지고 있다. 하얼빈맥주축제는 주제가 매년 달라진다는 것이 특징이다. 2019년 행사는 한 달 앞당긴 6월 20일 저녁에 하얼빈 타이양다오(太陽島) 관광지구에서 개막식이 거행됐다. 이때는 '고전의 밤(經典之夜)', '청춘의 밤(青春之夜)', '만화와 애니의 밤(動漫之夜)', '로큰롤과 일렉트로닉의 밤(搖滾電音之夜)' 등 4개의 주제로 개최됐다. 축제 공간 또한 '맥주 꽃밭 존(啤酒花園區)', '특색있는 진열 존(特色攤位區)', '음료와 디저트 존(水吧甜品區), '특색있는 미식 존(特色美食區)'

등 4개의 존으로 구성됐다.

또한 '다롄국제맥주축제(大連國際啤酒節)'는 중국 경공업연합회와 다롄시 정부가 공동 주체하며 1999년부터 지금까지 매년 열리고 있다. 제1회부터 제3회까지는 베이징올림픽센터에서 열리다가 2002년부터 다롄시로 장소를 옮겼다. 현재 국내와 해외의 30여 개 맥주 기업이 400여 종의 상품을 출품하며 200여만 명의 국내·외 관광객들이 축제에 참여한다.

'베이징국제옌징맥주축제(北京國際燕京啤酒節)'는 베이징 맥주인 옌징맥주로 유명한 축제다. 옌징맥주축제는 1992년 6월 6일에 제1회를 개최한 이래 지금까지 열리고 있다. 중국에서는 숫자 6을 좋아하고 '순조롭다'의 의미도 있으므로 6월 6일을 축제 개최일로 지정했다. 축제는 '순이올림픽수상공원(順義奧林匹克水上公園)'에서 30일 동안 계속된다. 옌징맥주축제는 '맥주'라는 주제를 문화, 미식, 음악, 오락 등 요소와 융합하는 것이 특징이다. 2016년 맥주 축제의 주제는 '맥주+미식', '맥주+공연', '맥주+카니발', '맥주+문화예술', '맥주+수상경치'였다. 이 축제는 베이징 옌징맥주를 맛보고 홍보하는 동시에 양조기술과 문화도 전시하고 있다. 2019년 제28회 행사에서는 신상품 '옌징팔경(燕京八景)'과 맞춤 양조 맥주를 선보이면서 이목을 끌었다.

'시안국제맥주축제(西安國際啤酒節)'는 개최 시기와 장소가 일정하지 않지만, 축제의 형식이 다양하다. 2015년 행사의 주요 내용으로 개막식, 국내·외 브랜드 맥주 시식, 미식 맛보기, 국제 유명 자동차 전시, 무형문화 전시·공연, 공예품전시, 등불 전시, 촬영 콘테스트, 소개팅 행사, 홍보대사 선발대회 등이 있었다.

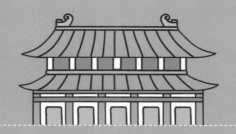

제9장

국내에 앉아
세상을 맛본다

중국을 알면 세계가 보인다

음식문화

모든 음식은 후추와 애호박에서 시작된다

중국 음식에서 후추, 마늘, 토마토의 3가지가 빠진다면 그 맛을 상상하기 힘들다. 특히나 맵고 얼얼한 맛이 주를 이루는 쓰촨요리가 그러하다. 중국의 식재료는 본토뿐만 아니라 외래의 식재료를 받아들이면서 발전해왔다. 기원전 139년 서한(西漢) 시대에 장건(張騫) 대사가 중앙아시아와 서아시아(당시의 서역)와 무역통로를 열어 중국의 실크, 도자기 등을 수출하고 서역의 마늘, 고수, 애호박, 호두, 누에콩, 후추, 당근 등의 채소와 과일을 수입했다. 당시에는 이 농산물에 호(胡)자를 붙였다. 중국에서는 서역인을 '호인(胡人)'이라고 불렀기 때문에 '호'자를 통해 서역의 물건임을 표시한 것이다. 명청(明淸) 시기에는 아메리카 대륙에서 토마토, 옥수수, 감자, 땅콩, 캐슈너트, 단호박 등 30여 종의 식재료들이 중국으로 들어온 덕분에 중국인의 식탁이 더욱 풍성해졌다.

외래 종교문화도 중국의 음식에 영향을 끼쳤다. 불교가 중국에 유입되면서 '금식'과 '채식'의 교리는 중국 요리기술의 발전을 촉진하였다. 베이징(北京)의 파위안쓰(法源寺), 창저우(常州)의 톈닝쓰(天寧寺), 전쟝(鎭江)의 딩후이쓰(定慧寺) 등 유명한 사찰은 모두 채식 요리가 잘 알려져 있다. 이슬람교가 중국으로 유입되면서는 '청정위본(淸靜爲本)'을 지향하는 이슬람 요리가 중국 음식문화의 중요한 부분을 차지했다. 밀가루 음식과 소고기, 양고기를 주 식재료로 하는 이슬람 음식점은 이제 중국 전역에서 쉽게 찾을 수 있다.

서양 음식은 언제 중국으로 유입됐는지 확인하기 어렵지만, 최초의 기록은 〈청패류초(淸稗類鈔)〉에 등장한다. "자국인이 서양식을 먹으면서 어떤 이는 서찬(西餐), 어떤 이는 대찬(大餐), 어떤 이는 번채(番菜), 또 어떤 이는 대채(大菜)라 부른다. 광서(光緖) 시기에 수도의 가게에서 판매가 되었고 선통(宣統) 시기에 유행하게 됐다"

서양식이 중국에 유입된 시기는 문헌보다 더 이를 수도 있다. 17세기에 이미 서방 전도사들에 의해 중국에 들어왔기 때문이다. 당시 전도사들은 서양의 조리법과 도구로 '서양병(西洋餠)'을 만들어서 중국 고관들에게 진공하였다. 명대 말엽의 이탈리아 전도사 줄리오 알레니(Giulio Aleni)는 〈사방문답(西方問答)〉을 집필하면서 서양식 조리방법과 음식 풍습을 다음과 같이 소개했다. "육식과 채식 모두 불로 요리할 수 있고 닭, 오리 등은 즉시 익혀서 접시에 담는다. 모두 손님에게

공경하는 마음을 표현한다. 주인은 몸을 숙여서 손님에게 음식을 나눠주거나 도우미한테 음식을 나누도록 시킨다. 접시는 함께 사용하지 않고 각자 빈 접시 1개를 준비하며 위생을 지킨다. 냅킨 한 개를 가슴 앞에 꽂아서 국물이 튀는 것을 방지하고 손을 닦기도 한다. 식탁 위에 흰색 보를 깔며 젓가락 사용하지 않고 포크, 칼, 숟가락을 사용한다."

1840년 제1차 아편전쟁 이후 중국은 강제적으로 항구를 열었다. 그러자 영국, 프랑스, 미국, 독일, 러시아 등 서구 열강들이 앞다투어 중국에서 조계지를 설립했다. 이 조계지를 통해 서양식이 더 많이 전파되었다. 당시에는 상하이 푸저우루(福州路)의 '이핀샹(一品香)', 베이징의 '리우궈판뎬(六國飯店)', 텐진의 '리순더따판뎬(利順德大飯店)', 광저우의 '타이핑관(太平館)' 등이 유명했다. 각 양식당에서는 영국, 프랑스, 러시아, 독일 등의 음식과 더불어 고급스러운 인테리어, 편안한 환경, 깨끗한 위생, 친절한 서비스를 제공했다. 저녁 시간이면 술잔을 기울이는 다양한 손님들로 음식점이 붐볐다. 서양인에게 아첨하는 사람, 음식을 즐기러 온 사람, 체면 세우러 온 사람 등 많은 사람들이 방문했다. 점차 양식점은 중국 상류층이 식사하는 중요한 장소가 되었으며 심지어 "물건은 반드시 서양 제품으로, 식사는 반드시 양식으로"라 말하는 정도에 이르렀다.

민국 시기에는 충칭, 청두, 우한, 하얼빈 등의 내륙지역에서도 양식당이 인기를 끌었다. 1937년 하얼빈에는 크고 작은 양식점이 260여 곳이나 있었다. 1908년 쓰촨의 청두에서 열린 제3차 상업권공회(商業勸工會) 기간의 판매 데이터를 살펴보면, 서양식의 판매 수익은 백은 9,230냥 .8전이며 중식 판매 수익은 백은 15만 5,557냥 6전이었다. 이때 청두의 양식점은 중식과 쌍벽을 이룰 정도로 꽤 규모를 갖추게 된다. 양식이 가장 인기가 있는 지역은 광저우, 상하이, 베이징 등 대도시였다. 광저우에서 양식점은 둥디따사터우(東堤大沙頭), 사지구부(沙基谷埠), 천탕스바푸(陳塘十八鋪) 일대에 밀집돼 있었다. 이러한 양식 조리법은 광둥요리의 형성과 발전에 많은 영향을 미쳤다. 상하이에서는 주로 황푸장(黃浦江) 근처, 난징둥루(南京東路), 화이하이중루(淮海中路) 등지에 양식점이 밀집되어 있었으며 1천 곳이 넘었다. 유명한 곳으로는 '훙팡쯔(紅房子)'와 '톈어거(天鵝閣)'가 있었다. 베이징에서 당시 유명한 양식점은 '베이징판뎬(北京飯店)', '리우궈판뎬(六國飯店)', '창안판뎬(長安飯店)' 등이었는데 중국 고관들과 외국 공사(公使)들이 식사하고 담판을 벌이는 장소로 사용됐다.

중국 근대의 학자 후푸안(胡朴安)은 〈중화전국풍속지(中華全國風俗志)〉에서 "리우궈판뎬(六國飯店)은 중위허(中御河) 다리 옆에 위치하며 건축이 웅장하고 인테리어가 화려하다. 이 화려함은 상하이의 후이중(匯中) 판뎬과 비교해도 전혀 뒤처지지 않는다. 이곳은 과거에 외교단 클럽이었는데 광서제(光緒帝)와 선통제(宣統帝)의 교차 시기에 만주족 귀족들이 트렌드를 쫓기 위해 리우궈판뎬에 많이 모였다. 실제로 이곳에 금은방이 입주해서 뇌물을 주고받는 기능을 하며 교역 장소가 되기도 했다. 민국 시기 이래로는 정책 고관들이 연회를 열고 숙박을 했다. 당시 리우궈판뎬은 베이징에서 정치 세력의 집합지 역할을 했다. 어떤 일을 조정하고 소통할 때는 모두 리우궈판뎬에서 해결했다" 라고 서술했다.

라오머, 한 끼의 행복한 생활

장원(姜文) 감독의 대표작인 영화 〈햇빛 찬란한 날들(陽光燦爛的日子)〉에는 이런 장면이 등장한다. 주인공 마샤오쥔이 잔신이 러시아 음식점에서 카추샤 노래를 들으면서 맥주를 실컷 마시고 양식을 한 끼먹는 것을 가장 잘 나가는 모습으로 상상하는 장면이다. 여기에서 등장하는 러시아 음식점은 시즈먼와이(西直門外)에 위치하고 있다. 신중국 수립 후 1954년 중—러 우호관계가 개선되면서 베이징에 최초의 러시아 음식점이 문을 열었다. 베이징 토박이들은 이곳을 '라오머(老莫)'라는 애칭으로 불렀다. 이 음식점은 러시아풍으로 지어졌으며 러시아, 우크라이나, 코카서스 등 민족의 특색을 담은 음식을 판매했다. 당시 중국 지도부에서 중요한 외빈 접대 장소로도 사용됐다. 트렌디하고 우아한 라이프 스타일을 상징해서 베이징 젊은이들에게는 이곳으로 밥을 먹으러 가는 것이 유행처럼 자리 잡았다.

1978년 개혁개방 이후 양식은 중국 전역으로 보급되었. 프랑스와

1954년에 지어진 모스크바 음식점. 러시아 요리로 유명하다. (중신사)

이탈리아의 음식을 내세운 양식점, KFC나 맥도날드를 대표로 하는 패스트푸드점이 놀라운 속도로 늘어났다. 베이징, 상하이 등의 대도시에서 작은 향촌까지 지역도 확대되었다. 1983년 9월 26일 최초의 중외 합자 프랑스 음식점인 '막심스 드 파리(Maxim's de Paris)'가 베이징에 문을 열었다. 프랑스를 가지 않아도 중국의 서민들이 베이징에서 정통 프랑스 요리와 칵테일 파티 그리고 뷔페를 맛볼 수 있게 된 것이다. 특히나 2010년 11월 프랑스 요리가 '인류무형문화유산'으로 지정되면서 인기는 더욱 높아졌다. 이탈리아 요리도 중국에 널리 알려졌다. 중국에서 이탈리아 요리의 대표로 꼽히는 것은 스파게티다. 국수의 쫄깃한 식감과 더불어 소시지, 조개, 고기, 치즈, 버섯, 새우가 소스에 함께 들어있어서 사람들의 입맛을 사로잡았다.

1992년 덩샤오핑(鄧小平)은 남쪽의 연안 지역을 순찰한 후에 '사회주의 시장경제'를 건설해 중국 경제 체제를 개혁하겠다는 목표를 세웠다. 그해 중국 정부는 외자기업이 중국 소매업에 진입할 수 있도록 법규를 허용해서 대외 개방과 더불어 외자기업의 중국 진출을 유도했다. 이러한 사회적 영향으로 인해 중국의 양식 산업은 빠르게 성장했다. 1990년대에는 상하이, 광저우, 베이징, 톈진 등 도시에서 거의 매달마다 새로운 양식점이 오픈했다. 전문적인 외국인 요리사를 고용하는 정통 양식점들도 점차 증가했다. 2004년 중국 각 도시의 데이터에 의하면, 당시 중국은 이미 1만 4천 곳의 양식점이 있었는데, 그 수가 매년 30퍼센트나 늘어나는 추세였다. 이탈리아, 독일, 미국, 프랑스, 영국, 미주 등 다양한 음식점들이 중국인의 선택을 다채롭게 만들었다.

중국 도처의 수염 할아버지와 광대 아저씨

개혁개방 이후 양식점은 중국에서 큰 성장을 이루었다. 하지만 어느 집이나 알고 있는 서양식이라고 하면 고급 프랑스 음식점이 아니라 미국에서 온 KFC의 '수염 할아버지'와 맥도날드의 '광대 아저씨'다. KFC와 맥도날드를 대표로 한 양식 패스트푸드의 보급이 중국의 개혁개방 속도를 따라잡았다. 1987년 11월 12일 "외국인을 위해 서비스를 제공한다"는 목표로 베이징 첸먼(前門)에 첫 번째 KFC 매장이 문을 열었다. 3층 건물에 총면적은 1,400제곱미터여서 당시 세계에서 가장 넓은 KFC 매장이었다. 후라이드 치킨 한 조각에 2.5위안(한화 430원), 한 끼 식사에 10위안(한화 1,800원, 당시 일반 간부 월급의 10퍼센트) 가량이나 해서 가격은 서민적이지 않았지만 항상 붐볐다. 독특한 맛의 치킨, 깨끗한 환경, 신속하고 우수한 서비스는 중국 소비자들을 만족시켰다. 첸먼 KFC 매장의 개업 당일 매출은 30만 위안(한화 5,200만 원)에 달했으며 개업 첫해의 방문 손님만 1,700만 명에 이르렀다. 〈뉴

1988년 5월 1일 연휴, 베이징의 첫 KFC 매장 입구에 장사진이 펼쳐지고 있다. (비주얼 차이나)

욕타임스〉는 "매일 점심시간이면 베이징 KFC 매장이 인산인해로 장
사진을 이룬다"라고 보도하기도 했다.

　치킨을 튀길 때 나는 냄새는 베이징 시민들이 어린 시절의 추억으
로 떠올린다. KFC 매장은 베이징의 새로운 관광지였기에 외지인들
이 베이징 첸먼 거리를 둘러본 후에는 반드시 KFC에서 식사했다. 문
앞에 있는 수염 할아버지 캐릭터와 기념사진을 찍는 것도 필수 코스
였다. 베이징 청년들이 트렌디하고 세련된 결혼식을 위해 KFC를 식

장으로 선택할 정도였다. 실제로 KFC는 중국에서 매우 빠른 속도로 발전했다. 2000년에는 중국 각 지역에 400여 곳의 매장을 개설했고 2015년에는 5,000곳을 넘어섰다. 2016년 3월 8일에는 라싸(拉薩)에도 매장을 열었다. 현재 중국 전역에 약 6,000여 개의 KFC 매장이 있다.

KFC 뒤를 이어 맥도날드가 1990년에 중국에 진출했다. 첫 매장을 선전(深圳)에 연 뒤 베이징으로 확대했다. 연평균 90개의 매장을 열었고 지금까지 약 2,500개 매장을 소유하고 있다. 햄버거와 빅맥 등의 메뉴는 중국 소비자의 마음을 사로잡았다. 20세기 말에는 'KFC의 치킨과 맥도날드의 햄버거'가 중국을 풍미하는 유행으로 자리매김했다.

KFC와 맥도날드는 새로운 메뉴를 끊임없이 개발하는 등 중국 소비자를 만족시키려 노력하고 있다. 1987년 베이징 첸먼 KFC 매장에는 8가지의 메뉴가 있었지만 현재는 56가지로 많이 늘어났다. 특히 KFC는 기존의 치킨과 햄버거 외에도 중국 음식인 유탸오(油條), 프랑스식 샤오빙(燒餅, 호떡과 비슷함), 라오베이징 지러우쥐안(老北京鷄肉卷, 치킨 타코), 신아오얼량 카우츠(新奧爾良烤翅, 뉴올리언스 그릴드윙), 조찬죽(早餐粥), 타르트, 두유를 비롯해 각종 식사 메뉴를 선보여왔다. 맥도날드도 KFC와 유사한 상황이다. 1990년대 맥도날드는 "중국이라 해도 메뉴를 바꾸지 않을 것이며 맥도날드의 특색을 고수할 것"이라고 경영

20세기 90년대, 광저우, 차이나호텔(中國大酒店) 앞에 설치된 거대한 맥도날드 광고판.
(비주얼 차이나)

이념을 발표했다. 그러나 2000년에 들어와서는 KFC 등 기타 패스트
푸드점이 발 빠르게 중국식 메뉴를 개발해 큰 성공을 거두자 맥도날
드도 경영이념을 전환하여 중국인의 입맛에 맞는 메뉴를 개발하기로
했다. 그 결과 아침 메뉴에 계란볶음, 부침개(煎餅), 두유, 유탸오 등의
중국식이 추가되었다. 현재 KFC와 맥도날드 등의 패스트푸드점은 중
국 곳곳에 분포되어 있으며 '란저우 라멘(蘭州拉面)', '황먼 지미판(黃燜
鷄米飯)', '사셴 샤오츠(沙縣小吃)' 등의 중식 패스트푸드와 함께 중국 서
민들의 일상 식문화를 책임지고 있다. 많은 바링허우(八零后, 80년대생)
는 대학 시절에 KFC에서 배불리 한 끼를 먹고 친구들과 커피를 마시
면서 수다를 떨었던 추억을 가지고 있다. 흰 수염의 미국 할아버지는
바링허우 청년들의 성장을 지켜본 증인과 같다. 도시인이라면 다들
KFC에 얽힌 어린 시절의 추억이 있을 것이다. 그 시절에는 생일이나
시험 성적이 좋을 때 부모님이 KFC에서 치킨과 감자튀김을 사주곤
했다. 식사 후 KFC의 실내 오락실에서 실컷 놀았던 기억은 바링허우
에게 소중한 추억의 일부분이다.

중화 미식의 '수출'

한국과 일본은 같은 아시아 문화권으로서 중국의 음식문화와 서로 많은 영향을 주고받는다. 오늘날 한국과 일본의 요리는 중국 젊은이들의 입맛을 사로잡고 있다. 개혁개방 이후 한국과 거리가 가까운 다롄(大連), 웨이하이(威海), 칭다오(青島) 등지에 한식이 진입했다. 현재 칭다오에는 한식집이 여러 곳이 있다. 샹강시루(香港西路)에 있는 '경복궁(景福宮)', 윈샤오루(雲霄路)에 있는 '밍룽사오카오(明榮燒烤)'와 '핑랑관(平壤館)', 청양취(城陽區)에 있는 '한일관(韓一館)'과 '돈꼬레(東古來)' 등이 유명하다. 한국에서 배추김치가 많이 소비되는 것처럼 산둥(山東)에서도 배추가 대표적인 농산물로 재배된다. 배추라는 공통된 입맛 때문인지 칭다오 시민들은 한식에 더 관심을 가지고 한식집을 많이 방문한다. 실제로 성수기 때 '한이관(韓一館)'의 하루 매출은 3만 위안(한화 약 520만 원)에 달하기도 했다. 한식이 중국에서 인기를 얻으면서 베이징 차오양취(朝陽區)의 '서우얼청(首爾城)', '핑랑관(平壤館)', '우주

쉬엔(烏竹軒)’ 등과 하이뎬취(海淀區)의 ‘취엔진청(權金城)’, 둥청취(東城區)의 ‘진한밍타이(金韓明太)’는 전국에서도 유명한 맛집이 되었다. 상하이에도 한식집이 100곳을 넘는다.

한식집의 폭발적인 증가는 20세기 말 한류가 세계로 전파되면서 시작됐다. 1997년 중국 중앙방송국(CCTV)에서 한국 드라마 〈사랑이 뭐길래〉를 수입한 이후로 한국 문화에 대한 중국인들의 관심이 커졌다. 이 드라마를 계기로 중국에서 ‘한류(韓流)’가 본격적으로 유행하게 되었다. 〈가을동화〉, 〈상속자들〉, 〈별에서 온 그대〉, 〈태양의 후예〉 등

한국의 돌솥밥과 김치. (비주얼 차이나)

많은 한국 드라마가 중국으로 수출되면서 한류 열풍이 중국인들의 의식주와 생활 등 모든 면에서 영향을 미치기 시작했다.

한국에서 김치와 소주는 일상생활에서 빠질 수 없는 음식이다. 김치는 배추, 무, 오이 같은 채소로 담그는데 각종 과일, 해산물, 육류, 젓갈 등의 양념을 함께 버무린 다음 발효시킨다. 소주는 알코올 도수가 높지 않아서 남녀 모두에게 사랑을 받는다. 한국 드라마를 보면 기쁠 때나 슬플 때 길거리 포장마차에서 소주를 마시는 모습이 자주 등장하는데 이는 중국인에게 꼭 체험해보고 싶은 문화로 인식되고 있다.

김치와 소주 외에도 많은 한국 요리가 있다. 돌솥비빔밥, 떡볶이, 불고기, 냉면, 전주비빔밥, 된장찌개, 떡, 김밥, 삼계탕 등이 대표적이다. 드라마 〈대장금〉은 전복 내장죽, 오자죽, 소고기 송이버섯구이, 새우구이, 게살 잣 밥, 유황오리 등 각종 궁중요리를 선보여 중국 시청자들에게 깊은 인상을 남겼다.

일본 요리도 한국 요리와 거의 비슷한 시기에 중국에 전파됐지만, 지금은 한국 요리보다 더 많이 알려졌다. 2018년 배우 황레이(黃磊)가 주연을 맡은 일본 드라마의 리메이크 버전 〈심야식당(深夜食堂)〉의 인기는 상상을 초월할 정도로 성공을 거두었고, 일본 요리에 대한 관심이 더욱 커졌다. 2017년 중국의 외식 보고서에 따르면 각종 음식점 중

상하이 쉬후이취(徐滙區)에 위치한 고급 일식집. (비주얼 차이나)

에 일본 요리점은 후난 요리점과 카페의 뒤를 이어 11위를 차지했다. 이 순위는 항저우 요리점과 타 레스토랑보다 훨씬 앞선 순위다. 일본 음식점의 매출액은 중국 외식시장 전체 중 10위를 차지할 정도이고 시장 점유율은 4.5퍼센트에 달한다. 일본 음식점의 개수 또한 2013년 에는 10,583곳이었지만 2015년에는 23,135곳으로 늘어났고 2017 년에는 4만여 곳으로 증가했다.

　일본 요리가 중국에서 급속도로 발전한 것은 중국 젊은이들의 입맛 을 사로잡는 일본 라면 덕분이다. 일본 요리에 대한 중국 사람들의 인식은 라면으로 시작되어 초밥으로 확대됐다. 일본 요리의 가장 큰 특징은 '정성'이다. 식재료에 대한 엄격한 선택, 조리법과 식기의 꼼꼼한 설정, 식사 환경에 대한 엄밀한 추구가 매력인 것이다. 고급 일식 요리는 그해의 햇곡물과 햇채소를 사용하는 등 식재료 선택이 엄격하다. 아울러 식재료의 조합도 매우 까다로워서, 이른 봄철에는 접시에 붉은 매실을 올려 장식함으로써 봄기운을 표현한다. 식기도 요리에 따라 각기 다른 형태와 재질을 선택해서 분위기를 연출한다. 일본 요리의 대표 메뉴는 연어 회, 초밥, 장어구이, 갈치구이, 소고기 카레, 미소 된장국, 버터 비빔밥, 돈가스, 오차즈케 등이 있다.

신중국 수립 이후 1970년 동안 프랑스 요리와 이탈리아 요리로 대표되는 서양식, KFC와 맥도날드로 대표되는 패스트푸드, 한식과 일식으로 대표되는 아시아 요리 모두는 중국인의 음식 문화를 풍성하게 해주었고 삶의 질도 크게 높여주고 있다.

식재료도 같고 조리 철학도 같지만 세월의 흐름 속에 한식과 일식은 각기 다른 색깔을 연출해 왔다. 한식과 일식이 중국에서 성행하고 있는 것은 천년이 넘는 시간 속에서 모든 식문화가 서로 영향을 받고 발전을 해왔기 때문이다. 서로 다른 식사 환경 속에서 똑같은 젓가락으로 음미하는 낯설면서도 익숙한 맛이야말로 오늘날 생활의 아름다움이 아닐까.